W0040318

BASTEI
LÜBBE
TASCHENBUCH

Über die Autoren:

Helene Nova machte eine Ausbildung zur Sexualtherapeutin und führt heute in Norddeutschland ihre eigene Praxis. Ihr Anliegen ist es, zu einem offenen Umgang mit Sexualität und den Problemen, die fast jeder kennt, anzuregen.

Felix Fröhlich studierte nach einem abgebrochenen Theologiestudium Ethnologie und Soziologie in München, Paris und Uppsala und lebt heute mit seiner Frau und drei Töchtern als freiberuflicher Autor in Südfrankreich.

Helene Nova
Felix Fröhlich

DER HÖHEPUNKT
KOMMT VOR DEM FALL

Die peinlichsten Sex-Unfälle

BASTEI
LÜBBE
TASCHENBUCH

BASTEI LÜBBE TASCHENBUCH
Band 60761

1. Auflage: November 2013

Dieser Titel ist auch als Hörbuch und E-Book erschienen.

Originalausgabe

Copyright © 2013 by Bastei Lübbe AG, Köln
Textredaktion: Tobias Schumacher-Hernández
Titelillustration: © shutterstock/Oliver Hoffmann;
shutterstock/AN NGUYEN
Umschlaggestaltung: Christina Seitz, Berkheim
Satz: hanseatenSatz-bremen, Bremen
Gesetzt aus der Optima
Druck und Verarbeitung: CPI – Ebner & Spiegel, Ulm
Printed in Germany
ISBN 978-3-404-60761-7

Sie finden uns im Internet unter
www.luebbe.de
Bitte beachten Sie auch: www.lesejury.de

Inhaltsverzeichnis

Einleitung

*F*ortpflanzung ist ein wesentlicher Zweck der Natur, viele glauben sogar, es ist ihr einziger. Und damit die Fortpflanzung auch reibungslos funktioniert, hat die Natur den Sex erfunden. Die Trieberfüllung macht auch noch Spaß. So weit, so gut. Und im Tierreich hat es in all den Jahrmillionen der Evolution bei all den Abermillionen von Tierarten auch nie Probleme damit gegeben.

Erst beim Menschen funktioniert das alles nicht mehr so einfach. Denn der hat einen Geist. Und der Geist ist nicht nur neugierig, sondern auch erfinderisch.

So wie in allen anderen Lebensbereichen ist es auch beim Sex: Dem Menschen werden die von der Natur vorgesehenen Wege schnell langweilig, und er denkt sich neue aus. Manchmal nämlich empfindet der Mensch sehr viel Vergnügen daran, eine ganz einfache Sache sehr kompliziert durchzuführen.

Und damit sind wir beim Thema dieses Buches. Denn vieles, was in der Fantasie einen großen Reiz ausübt, geht in der Praxis völlig in die Hose. Und wenn es nur das wäre.

Was kann denn da schon schiefgehen, denken Sie

jetzt vielleicht. Lassen Sie sich überraschen. Der Mensch ist auf keinem Gebiet so erfinderisch wie auf dem der Lust. Das kann ganz harmlos und einfach nur peinlich sein, das kann aber auch zu medizinischen Notfällen führen.

Stellen Sie sich die Szenerie vor: Es ist ganz leise, man hat das ganze Haus, die ganze Wohnung für sich. Keiner stört. Glaubt man. Bis dann, völlig unangemeldet, Kind, Mutter oder großer Bruder im Zimmer steht und mehr oder weniger dämliche Fragen zu etwas stellt, zu dem es eigentlich keine Fragen zu stellen gibt, weil es sich selbst erklärt. Oder, im Gegenteil, keine Fragen hat, sondern peinlichst berührt mitten im Zimmer stehen bleibt. Oder schweigend und unübersehbar erbost über so viel mangelnden Anstand den Raum verlässt.

Fast jeder kennt solche Situationen. Dabei ist das noch die mit Abstand harmloseste Variante der berühmten »Sexpanne«.

Kaum ein Thema zieht so seine Kreise durchs Internet und Zeitschriften, kaum etwas gibt einen so dankbaren Gesprächsstoff ab wie Missgeschicke im Bett.

Und genau dort haben wir uns bei unserer Recherche umgeschaut: Wir haben Internetforen durchstöbert, Zeitungsnotizen aus aller Welt gesammelt und sind in unserem Freundes- und Bekanntenkreis wildern gegangen. Die Ergebnisse unserer Suche haben wir in diesem kleinen Bändchen zusammengestellt.

Manchmal haben wir dafür eine knappe Meldung oder einen lapidaren Bericht etwas ausgeschmückt. An den Fakten selbst haben wir jedoch nichts geändert. Außerdem werden Sie feststellen, dass sehr viele Beispiele aus unserer Sammlung zu verrückt sind, als dass sie sich jemand ausgedacht haben könnte. Nur Personen- und teilweise auch Ortsnamen haben wir aus Gründen der Diskretion grundsätzlich geändert.

Nicht alles, was sich in diesem Buch findet, hält sich übrigens im Rahmen des Appetitlichen, und vermutlich wird es Ihnen beim Lesen gehen wie uns beim Sammeln der Anekdoten: Jeder von uns ist irgendwann an seine ganz persönliche Schmerzgrenze gestoßen. Es gibt eben sowohl beim Sex selber als auch bei dem, was dabei schieflaufen kann, nichts, was es nicht gibt. Andererseits: Kaum eine Freude ist besser als die Schadenfreude. Und wenn Sie gleich lesen, was anderen bereits widerfahren ist, dann freuen Sie sich doch einfach, dass Sie im Zirkus der Peinlichkeiten dieses Mal nur Zuschauer sind, nicht Mitwirkender. In diesem Sinne viel Spaß beim Lesen!

Helene Nova und *Felix Fröhlich*

1. Kapitel:
Der Spott kommt von allein:
die peinlichsten Entdeckungen

Alles, was beim Sex schiefläuft, ist grundsätzlich peinlich. Vor allem, weil sich die Beteiligten plausible Ausreden für ihr Missgeschick einfallen lassen müssen.

Es gibt aber noch einen weiteren Grund dafür, sich für das, was man gerade tut, in Grund und Boden zu genieren: nämlich ungebetene Gäste, Zuschauer oder Akklamateure.

Beim Sex von Mama, Schwester oder Großmutter überrascht zu werden, ist vermutlich fast jedem schon mal passiert. Das ist blöd, aber nahezu unvermeidbar, wenn sich mehr Menschen als die beiden Paarungswilligen ein Haus oder eine Wohnung teilen.

Wir sind bei unseren Recherchen aber auf weit schönere Geschichten gestoßen. Hier eine Rangordnung aufzustellen, war uns fast nicht möglich, sieht man einmal von den drei letzten Fällen ab. Die sind allerdings schon wieder derart absurd, dass selbst wir unsere Zweifel an der Glaubwürdigkeit hatten.

Der einzige Schluss, zu dem man beim Lesen der nachfolgenden Geschichten kommen kann, ist eigentlich der, dass man nirgends, aber auch wirklich nirgends vor Peinlichkeiten sicher sein kann. Sie können sich sozusagen entscheiden: Entweder Sie leben von jetzt an konsequent abstinent. Oder Sie leben mit dem Risiko. Unterhaltsamer ist sicher Letzteres.

Platz 10: Wenn die wüssten ...

Es ist ein heißer Sommertag, und Lisa und Martin F. sind alleine zu Hause, weil die Kinder mit Freunden ins Schwimmbad gegangen sind. Die Terrassentür ist weit geöffnet, damit ein bisschen Luft in die Wohnung kommt. Lisa trägt nur einen Rock und nichts drunter. Sie setzt sich zu Martin aufs Sofa, dann öffnet sie seine Hose und setzt sich auf ihn. Sie bewegen sich ganz langsam und wollen das Zusammensein möglichst lange auskosten. Was ihnen auch gelingen wird, wenn auch anders als gedacht.

Plötzlich kommen nämlich ihre Nachbarn zur Terrassentür herein und setzen sich aufs andere Sofa. Sie fangen ganz zwanglos darüber zu plaudern an, dass man es draußen ja nicht aushält bei der Hitze und so weiter. Lisas Rock fällt so, dass es aussieht, als würde sie einfach auf Martins Schoß sitzen. Davon, dass sein Penis in ihrer Scheide steckt, sieht man gar nichts, und Lisa und Martin hoffen, dass das auch so bleibt. Sie sind ziemlich einsilbig, aber sie können die Freunde schlecht auffordern, wieder zu gehen. Außerdem stellt Lisa fest, dass die ganze Situation sie unheimlich erregt. Und auch

Martin bleibt steif und fest dabei. Auf diese Weise verharren sie über eine halbe Stunde in ihrer Position, und Lisa versucht zu verbergen, wie erregt sie ist.

Als die Nachbarn sich endlich verabschieden, sind Lisa und Martin fast ein klein wenig enttäuscht. Das gleichen sie aber durch einen heftigen Abschluss ihres so überraschend anderen Liebesspiels aus.

Nicht jedoch, ohne vorher die Terrassentür zu schließen.

Platz 9: Der Heizungsableser kommt

Handwerker sind vermutlich einiges gewohnt. Bei ihrer Arbeit müssen sie oft in sehr private Bereiche vordringen. Und so mancher Zeitgenosse wird bei der harmlosen Wendung »Jetzt müsste ich auch noch in Ihr Badezimmer« schon einen Schrecken bekommen haben.

So geht es auch Rita S., als es morgens um halb acht an der Wohnungstür klingelt. Ein Handwerker mit Werkzeugtasche und Latzhose steht vor der Tür und sagt, er müsse die Heizung ablesen. Stimmt, da gab es einen Zettel von der Hausverwaltung. Gott sei Dank ist Rita wenigstens schon angezogen. Dass die Wohnung nicht aufgeräumt ist, kann dem Heizungsableser schließlich egal sein. Der macht sich inzwischen am Heizkörper im Wohnzimmer zu schaffen.

Rita ist in der Küche, um Kaffee zu kochen, als der Handwerker nach ihr ruft. Da müsse noch ein anderer Zähler sein, sagt er. »Stimmt«, sagt Rita, »der ist bei uns – im Schlafzimmer.«

Und bei diesen Worten wird ihr bewusst, dass das Schlafzimmer ebenfalls nicht aufgeräumt ist. Und gestern war eine heiße Nacht. Sie geht rasch voraus, doch der Handwerker ist ebenso schnell und folgt ihr auf dem Fuß.

Dass das Bett zerwühlt ist, ist nicht weiter schlimm, doch dass auf dem Fußboden ein Noppendildo und ein paar Handschellen liegen, hätte Rita gern für sich behalten.

Der Handwerker sieht mit lässiger Professionalität über alles hinweg und spart sich irgendwelche Kommentare. Ihn scheint nur sein Heizungszähler zu interessieren. Jedenfalls tut er so. Aber Rita möchte im Boden versinken.

Platz 8: Der überpünktliche Pizzamann

Eine Studentenbude ist für viele der erste Schritt zur Freiheit. Doch sollte man nie vergessen, dass hier die Zimmertür zugleich die Wohnungstür sein kann. Davon weiß Susanne B. ein Lied zu singen.

Sie hat ein Zimmer im Studentenwohnheim und hat gerade ihren Freund Bernd zu Besuch. Die beiden wollen den Abend zu zweit verbringen. Da sie Hunger haben, jedoch nicht mehr ausgehen wollen, bestellen sie eine Familienpizza. Das werde mindestens eine halbe Stunde dauern, erhalten sie zur Auskunft.

In einer halben Stunde kann man zusammen eine Menge unternehmen, vor allem, wenn man sowieso schon in Unterwäsche auf dem Bett sitzt. Eigentlich wollen Susanne und Bernd nur etwas schmusen, sie haben ja noch die ganze Nacht vor sich. Doch die gegenseitige Anziehungskraft tut das ihrige, und das bisschen Wäsche ist schnell abgestreift. Bernd kniet hinter Susanne, so wie sie es am liebsten hat, und ist gerade in sie eingedrungen, als sie ein lautes »Oh, Tschuldigung« hören.

Die beiden schauen, in ihrer Position verharrend, zur Tür, wo ein erschrockener Pizzabote mit seiner Schachtel steht. Dann dreht er sich langsam um und schließt die Tür wieder. Da ist er einmal schneller als angekündigt, und dann ist es auch nicht recht.

Susanne schließt selten ab, wenn sie zu Hause ist. Sie wirft sich rasch einen Bademantel über und öffnet die Tür, vor der der Pizzabote mit hochrotem Kopf und verlegen grinsend wartet. »Ich hab geklopft«, sagt er. »Ich schwör.«

Susanne hat keine Lust, die Sache auszudiskutieren. Sie bezahlt und dreht den Schlüssel dann zwei Mal um.

Der Abend wurde aber trotzdem noch sehr schön.

Platz 7: In welchem Aufzug in den Aufzug?

Viele spielten sicher schon einmal mit dieser Fantasie: Man ist allein mit einem attraktiven Gegenüber in einem engen Fahrstuhl. Ausweichen ist kaum möglich, und dann ist da noch dieses gewisse Prickeln. Und wenn der

Aufzug jetzt stecken bleibt? Oder noch besser: Wenn die attraktive Frau oder der sportliche Mann jetzt lächelnd auf den Stopp-Knopf drückt? Für die meisten von Ihnen bleibt es sicher bei der Fantasie. Doch ein junges Paar aus Hamburg wollte es gerne Realität werden lassen.

Die beiden, nennen wir sie Peter und Melanie, wohnen in einem Hochhaus mit fünfzehn Stockwerken. Das ist zwar mickrig im Vergleich zu New York oder Tokio, aber immerhin. Sie haben es schon auf dem Balkon, im Wald und im Auto auf einem öffentlichen Parkplatz gemacht. Der Aufzug fehlt noch in der Sammlung, denn es ist das Spiel mit dem möglichen Entdecktwerden, das sie reizt. Wobei sie aber immer dafür sorgen, dass das Spiel ein Spiel bleibt.

An einem warmen Sonntagnachmittag besteigen sie den Aufzug. Melanie trägt unter ihrem Rock kein Höschen. Zuerst fahren sie einmal bis ganz nach oben, wo ein Junge einsteigt. Zu dritt geht es bis zum Erdgeschoss.

Dann zu zweit wieder nach oben. Zwischen dem vierten und fünften Stockwerk drückt Peter den roten Halteknopf. Dann beginnen sie sich zu küssen, Melanie öffnet Peters Hose, und er dringt in sie ein. Sie drehen sich und stoßen mehrmals gegen die Wand des Aufzugs, aber das ist bei der Enge auch nicht zu vermeiden und macht ja eben den Reiz aus.

Bis plötzlich jemand sagt: »Das ist ja unerhört!«

Erschrocken fahren Melanie und Peter herum. Die Aufzugtür ist offen, und davor stehen zwei ältere Herrschaften, eine Dame und ein Herr mit Hut, und gucken entrüstet. Melanie und Peter hatten nicht bemerkt, dass sie bei ihrem Liebesspiel irgendwann auch an den entscheidenden Knopf gekommen sind, der den Aufzug zur Weiterfahrt motiviert.

Sie bringen ihre Wäsche einigermaßen in Ordnung, sagen »Entschuldigung« und verschwinden so schnell wie möglich im Treppenhaus.

Platz 6: Mit Babyfon alles unter Kontrolle

Für junge Eltern bedeutet ein Baby eine Einschränkung des Liebeslebens. Konnte man vorher tun, was man wollte und wann man es wollte, so heißt es jetzt oft: Schläft er oder sie schon? Oder: Sei leise, er oder sie schläft endlich! Oder ein Elternteil ist zu müde für Sex, wenn das Baby endlich schläft.

Von einem peinlichen Erlebnis aus dieser Phase des Lebens berichtet Silke, eine junge Mutter. Die kleine Familie ist zu Besuch bei Silkes Großmutter, und der kleine Sven will in der fremden Umgebung nur schwer einschlafen. Am Sonntagmorgen geht die Oma zur Kirche, wie sie das jeden Sonntag tut, und Silke stillt den kleinen Sven, der danach satt und zufrieden einschläft. Endlich. Silke kriecht zu Jan, dem jungen Vater, ins Bett. Als sorgende Mutter denkt sie auch jetzt noch an den Kleinen und sagt Jan, er solle das Babyfon neben Svens Körbchen aufstellen, für alle Fälle. Den Empfänger legt Jan auf den Boden neben das Gästebett, und dann haben die beiden endlich etwas Zeit für sich. Alle Leidenschaft bricht aus ihnen hervor, und sie lieben sich heiß und heftig. Vergessen sind Raum und Zeit.

Als sie sich lösen und schwer atmend nebeneinander liegen, glaubt Silke plötzlich den kleinen Sven zu hören. Aber das Babyfon macht kein Geräusch. Silke greift nach dem Gerät und bekommt einen Schreck. »Das ist der *Sender*«, ruft sie und hält Jan das Teil vors Gesicht. Eilig zieht sie sich etwas über und läuft die Treppe nach unten.

Dort sitzt ihre Oma und wiegt das Baby im Arm.

»Na endlich«, sagt die alte Dame nur. »War das die ganze Zeit an?«, fragt Silke und zeigt auf das Babyfon. »Woher soll ich denn wissen, wie man das ausmacht«, sagt die Oma trocken. Mehr nicht. Und mehr sagt sie auch nicht, bis ihr Besuch am Abend wieder wegfährt.

Platz 5: Verantwortungsbewusste Nachbarn

Gewalt in der Familie ist alles andere als unterhaltsam. Häufig genug schauen die anderen weg, obwohl ein Eingreifen gefordert wäre.

Eine ganz andere Geschichte weiß allerdings Peter M., seines Zeichens Polizist in Hameln, zu erzählen:

Es ist ein friedlicher Samstagabend. Peter M. sitzt gemeinsam mit seinem Kollegen in der Dienststelle, in zehn Minuten beginnt die *Sportschau*, für die ersten veritablen Prügeleien vor der Disko ist es noch entschieden zu früh.

Und trotzdem meldet sich das Telefon, und eine aufgeregte Frauenstimme erklärt, sie wolle sich ja nicht einmischen, aber in der Wohnung direkt neben ihr ... und das Mädchen sei ja noch ganz jung, gerade mal Anfang zwanzig ... Und dieser Mann, den habe sie gestern das erste Mal bei ihr gesehen. Wie auch immer, die Arme schreit und jammert ganz furchtbar.

Also keine *Sportschau*, denkt Peter M. und winkt seinem Kollegen, ihm zu folgen.

Besonders mitgenommen wirkt die Frau, die ihnen die Tür öffnet, nicht. Höchstens vielleicht ein bisschen verlegen. Und definitiv nur äußerst notdürftig bekleidet. Peter M. und sein Kollege werfen sich einen kurzen Blick zu. Gut. Dann jetzt das komplette Programm. Wenn schon keine *Sportschau*.

»Vielleicht hat ja da drüben jemand geschrien«, sagt die Frau und zeigt auf die Tür gegenüber. »Hier war alles leise.« Sie wird rot.

Ob sie kurz hereinkommen dürften, fragt Peter M. Die Frau tritt einen Schritt zur Seite. »Vielleicht ins Wohnzimmer.« So wie Peter M.s Kollege das sagt, ist es weniger ein Vorschlag als vielmehr eine Aufforderung.

Und tatsächlich, da sitzt die andere Hälfte der Ruhestörung. Er hat das Gespräch an der Wohnungstür offenbar nicht mitbekommen, denn im Gegensatz zu seiner Freundin ist er nackt.

»Jetzt noch mal zu den Schreien«, setzt Peter M. an. »Sie werden verstehen, dass wir das nicht einfach so als

Bagatelle abtun können. Passiert das häufiger, dieses Schreien und Jammern, meine ich?«

Die Frau schaut an die Wand gegenüber. »Ja … nein … eigentlich …«

Peter M. kann förmlich sehen, wie der Mann sich einen Schubs gibt. »Ich habe sie nicht verprügelt.«

»Das sagen sie alle«, erwidert Peters Kollege ungerührt. »Wir müssten Ihre Freundin eigentlich mitnehmen. Sie muss von einem Arzt untersucht werden.«

»Aber wir haben nur …« Den Rest verschluckt die Frau.

»Nur …?«

»Nur gar nichts.

»Aha.«

Eine Weile herrscht bedeutungsvolles Schweigen, die Frau starrt auf die Wand, der Mann aus dem Fenster, die Beamten starren auf die beiden. Schließlich fällt Peter M. die *Sportschau* wieder ein, die immerhin noch eine halbe Stunde laufen dürfte, und er sagt: »Geht das in Zukunft bitte etwas leiser, das Garnichts?«

Szenen wie diese erlebt man als Polizist eher selten, erzählt Peter M.. Und natürlich sei es hundertmal besser, einmal zu oft die Polizei zu rufen, als sich zum schweigenden Mitschuldigen zu machen. »Aber irgendwas wollen wir bei Fehlalarm schließlich auch von der Sache haben.«

Fazit: Randalieren beim Sex kann vielleicht Spaß machen, zieht aber gelegentlich unliebsame Verhöre nach sich.

Platz 4: Konstruktiver Sex

Auf einer einschlägigen Internetseite erzählt Evelyn Strunz folgende Geschichte:

Sie hat bereits einer ganzen Reihe von Männern Neurosen beim Sex verpasst. Sprüche wie »Ist er schon drin?« zählen noch zu den harmlosen; an der Tagesordnung standen bisher eher Kommandos wie »Nun streng dich mal ein bisschen an!« oder vernichtende Urteile wie »Da hat dein Opa ja noch mehr drauf!« Kurz und gut, Evelyn war bisher promisk und, was die männliche Seele angeht, eher destruktiv. Das soll sich jetzt aber gründlich ändern.

Evelyn hat sich nämlich verliebt. Und zwar in Kevin. Kevin ist der Mann, bei dem Evelyn sesshaft werden möchte: Er wechselt seine Unterwäsche alle drei Tage, hat eine bezahlte Arbeit und sagt »bitte«, wenn er Evelyn zum Bierholen schickt. So einen findet sie so schnell nicht wieder, und darum muss sie ihn bei der Stange halten.

Die ersten Male im Bett waren noch ein vorsichtiges Abtasten, Kennenlernen, aber heute Abend ist es endgültig Zeit, Kevin ihre Leidenschaft zu zeigen und ihm zu bedeuten, wie wichtig er ihr ist.

Gedacht, getan: Kevin kommt nach getanem Tagwerk nach Hause, Evelyn lässt ihre Verführungskünste spielen und eine Viertelstunde später liegen die beiden im Bett. »Jetzt keinen Fehler machen«, denkt sie. »Nur nicht verschrecken, den Guten!«

Eine Freundin, die Evelyns bisherigen Umgang mit Männern kennt, hatte ihr noch eingeschärft, dass Männer viel Bestätigung beim Sex brauchen. Sie beginnt also mit einem wiederholten »Oh, bist du gut! Ja, genau so!« So weit läuft alles noch störungsfrei. Kevin ist gut drauf, und Evelyn konzentriert sich darauf, ihre Nörgelei zu unterdrücken und Kevin stattdessen zu bestärken. Was erst mal anstrengend ist für Evelyn. Die Umstellung erfordert volle Konzentration.

Aber Evelyn ist guten Willens, und so beginnt sie auch schnell mit einem zwar gespielten, aber täuschend echten lustvollen Stöhnen. Das geht über in: »Ja! Du bist ja so groß, so mächtig – du füllst mich ganz aus!« Als Kevin abrupt innehält in seinen Bewegungen, schwant Evelyn, dass sie einen Fehler begangen haben könnte. »Was heißt hier ›ausfüllen‹? Ich bin doch noch gar nicht drin!« Evelyn ist nicht auf den Mund gefallen, aber eine saubere Ausrede fällt ihr dazu nicht ein. Kevin ist erbost: »Bist du etwa so eine, die Männern nur irgendwelche Schmeicheleien im Bett erzählt? Und deine Orgasmen bisher, waren die etwa auch alle nur vorgetäuscht?«

Evelyn versucht noch einmal, ihren Mann fürs Leben zu beschwichtigen. Vergeblich. Was zu viel ist für den männlichen Stolz, das ist zu viel. Noch am selben Abend packt er seine Sachen und lässt die arme Evelyn zurück.

Die heult sich prompt bei ihrer Freundin aus und macht ihr Vorwürfe wegen des Rates zu Lob und Bestärkung. Und die Freundin weiß auch diesmal Rat: »Das wird schon wieder. Ruf Kevin einfach gleich an und pflaum ihn an, dass er so langsam war.« So zumindest erzählt sie die Geschichte.

Platz 3: Sex, Lügen und Videos

Es gibt Menschen, die sich von außen betrachten, wenn sie sich selbst in einer bestimmten Situation vorstellen. »Dissoziativ« nennt man das. Hat eine Menge Vorteile, so eine Perspektive, und man kann sie auch beim Sex einnehmen.

Heiner und Doris sind ein Paar, das sich optisch leicht erregen lässt, sprich: Die beiden schauen gerne gemeinsam Pornos. Das Schönste ist für sie aber, sich selbst beim Sex zu filmen und sich hinterher die Aufzeichnung anzusehen. Doris vergibt dabei gern Punkte an Heiner, während Heiner hauptsächlich sich selbst applaudiert.

In letzter Zeit huscht dabei ab und zu Felix durchs Bild, der kleine graue Kater der Nachbarn. Einige Videos später wird klar, was Felix hier wollte – Lucrezia, die Katze des Pärchens, ist mittlerweile trächtig. Bis sie wirft, poppen Heiner und Doris munter weiter und halten das mit der Kamera fest. Als die süßen Kätzchen auf der Welt sind, schnappt Doris sich die Videokamera und möchte zur Abwechslung einmal nicht Heiner und sich, sondern die Kleinen filmen.

Als die Nachbarin kurz darauf klingelt, um ihren Kater abzuholen, plaudern die beiden Frauen ein wenig. Haustiere sind ja schließlich ein unerschöpflicher Gesprächsstoff. Kaum erwähnt Doris, dass sie die Kätzchen gefilmt hat, ist die Nachbarin ganz begeistert. Das ist ja toll. Das möchte sie sehen. Und ihr Mann sicher auch. So verabreden sie sich für den Abend. Es wird ja auch langsam Zeit, dass man sich mal besser kennenlernt.

So ein Videoabend kann etwas sehr Verbindendes sein. Man kommt zwanglos ins Gespräch, trinkt eine Flasche Wein zusammen oder auch zwei und plaudert nett unter Nachbarn. So ähnlich stellen Heiner und Doris sich das jedenfalls vor. Der Wein steht bereit, alle sitzen auf dem Sofa und Heiner schließt die Kamera an den Fernseher an.

»Die Kassette ist noch drin?«, fragt er. Und Doris nickt nur.

Sie stoßen gemeinsam an, knabbern Salzgebäck und Nüsse und amüsieren sich über die Kätzchen. Es ist alles so, wie sie es sich ausgemalt haben. Zumindest eine ganze Weile lang.

Doris weiß nicht mehr genau, wie viel sie aufgenommen hat. Irgendwann wird der Film zu Ende sein. Und so ist es auch. Nur dass jetzt der Bildschirm nicht schwarz wird, sondern plötzlich Doris und Heiner splitternackt und stöhnend in eindeutiger Situation zu sehen sind.

Doris verschluckt sich. Die Nachbarin macht einen erschrockenen Kiekser, und Heiner ruft erschrocken: »Du hast eines unserer Bänder überspielt.« Die Nachbarin stellt fest, dass es schon sehr spät ist und sie leider nicht mehr austrinken können. Dann verabschieden sie sich höflich und rasch.

Heiner und Doris streiten noch ein Weilchen, weil Doris nicht aufgepasst und Heiner wieder mal vergessen hat, ein Band zu beschriften. Eigentlich haben beide recht. Und an diesem Abend haben sie auch keinen neuen Film gedreht.

Die Freundschaft zwischen den beiden Familien ist seitdem erkaltet. Sogar Kater Felix soll sich eine neue Freundin gesucht haben.

Platz 2: Die dekorierte Geliebte

Zu den gängigen Tipps für ein zufriedenstellendes Sexualleben auch in längeren Partnerschaften gehört das Prinzip Abwechslung. Wer sich immer nur samstagabends bei ausgeschalteter Deckenlampe im Bett amüsiert, wird meist nicht lange aneinander Freude haben.

Diese fulminante Erkenntnis möchte eines Tages auch Susanne B. für sich und ihren Liebsten nutzen. Sie verabschiedet sich also zwei Stunden früher als sonst aus dem Büro und verwandelt sich zu Hause auf dem Küchentisch in ein unbekleidetes Kunstwerk, dekoriert mit Weintrauben, Sahne und Honigüberzug.

Nur: Ihr Mann macht Überstunden. Ausgerechnet heute.

Susanne B. liegt also da, malerisch hingegossen auf dem Tisch. Eine gefühlte halbe Stunde lang. Zuerst wird ihr kalt. Dann wird sie hungrig. An Nahrungsmitteln herrscht ja kein Mangel. Sie beginnt also mit der ersten

Sahnehaube. Dann ist die zweite an der Reihe, dann die dritte. Als Nächstes sind die Weintrauben dran. Gegen das Frieren hilft es zwar nichts, aber wenigstens ist der Hunger jetzt weg.

Weg ist auch die Hälfte der Weintrauben, als sie schließlich doch noch den Schlüssel im Türschloss hört. Aber da ist noch ein weiteres Geräusch. Stimmen. Die ihres Mannes und eine zweite. Zum Aufstehen ist keine Zeit mehr, etwas anziehen mag sie sich schon wegen des vielen Honigs an Bauch, Brust und anderen Körperstellen nicht.

Dann geht alles ziemlich schnell: Ihr Mann betritt die Küche, hinter ihm ein weiterer Mann, den Susanne jetzt als seinen Vater identifiziert. Dann landen zwei oder drei Geschirrhandtücher auf den kompromittierendsten Teilen ihres Körpers.

Wie sie vom Küchentisch ins Bad und unter die Dusche kommt, auf welch wundersame Weise eine komplette Garnitur Kleidung dort neben der Duschkabine landet, daran kann Susanne B. sich nicht mehr erinnern. Sie weiß nur, dass ihr Schwiegervater ihr und ihrem Mann später, beim Kaffee, eigenartige Blicke zuwirft. Möglicherweise ist sogar etwas Neid darin zu erkennen, aber so sicher ist sie sich da nicht mehr.

Platz 1: Paarungseignung

Ob die Deutsche Bahn für Pünktlichkeit steht oder nicht, das wollen wir an dieser Stelle lieber nicht diskutieren.

Sagen wir: Sie tat es mal. Dafür macht sie seit Neuestem mit etwas ganz anderem Schule, nämlich mit originellen Durchsagen. Eine davon ließ neulich in der Presse vor allem durch die Folgen aufhorchen, die sie nach sich zog. Über das, was sich hinter verschlossener Tür abgespielt hat, konnte die Presse zwar nachträglich nur mutmaßen, wir haben uns die Freiheit genommen, einige Details so, wie sie gewesen sein könnten, zu ergänzen:

»Bitte beachten Sie, dass unsere Toiletten nicht paarungsgeeignet sind!« Diesen Hinweis hören die Passagiere im ICE von Frankfurt nach Amsterdam. Unter ihnen ist auch ein junges Pärchen. Da unsere Zeitungsquelle zu den Namen keine Angaben macht, nennen wir die beiden Heinrich und Jenny. Sie haben eine Abneigung gegen Konventionen und einen gesunden Hang zum Trotz.

Also beschließen sie, gerade das zu tun, was verboten ist. Außerdem mag unser Paar Sex an ungewöhnlichen Orten. Gedacht, getan – beide machen sich mit Sicherheitsabstand auf zum nächsten Abort, und zwar beide zum selben. Jenny schlüpft rein, dann folgt Heinrich, zieht die Tür zu, und ab geht die Lucy.

Der ungewöhnliche Ort ist schon da, jetzt fehlt nur noch die ungewöhnliche Praktik. Jenny zückt zwei paar Handschellen, während Heinrich die Hose fallen lässt, und kettet jeweils eine Seite an ihre Handgelenke. »Gymnastik soll ja gesund sein«, kichert sie und schließt die anderen Seiten um Heinrichs Fußfesseln. Derart bequem verschnürt setzen sie sich auf die Toilette, also er auf den Klodeckel und sie auf ihn.

Dummerweise haben die beiden nicht mit der Putzfrau des ICE gerechnet, die das Pärchen beim Zuziehen der Tür beobachtet hat. Die Dame hat viel Sinn für Humor, aber das geht entschieden zu weit! Sie bollert gegen die Klotür und tönt mit einem Organ, vor dem jeder Unteroffizier der Bundeswehr kuschen würde: »He, Sie! Raus da! Sie haben doch die Durchsage gehört!«

Ihr Getöse löst eine ganze Reihe von Kausalverläufen aus: Links von der Toilette sitzt nämlich eine Abiklasse aus Rüsselsheim, die schon ordentlich getankt hat, und rechts befindet sich ein Fußball-Fanclub, der schon drei Tage nicht mehr nüchtern war. Von beiden Seiten strömt es jetzt johlend zur Toilette.

Die wichtigste Folge des Polterns jedoch: Heinrich und Jenny erschrecken sich so, dass sie durch den Sitz in die Toilette einbrechen. Heinrich sitzt fest, Jenny auf ihm, und der Schlüssel zu den Handschellen liegt unerreichbar auf dem Waschbecken.

In diesem Moment tritt ein selbst ernannter Hilfssheriff aus der Reihe der Fahrgäste auf den Plan: Kurz entschlossen tritt er die Tür ein, um dem nicht ordnungsgemäßen Geschlechtsverkehr Einhalt zu gebieten.

Das Resultat: eine johlende Menge aus postpubertierenden Abiturienten und begeisterten Fans, die etwas wie »Goaaal!« grölen, eine prustende Putzfrau, die dem Paar unter Lachkrämpfen den Schlüssel für die Handschellen reicht, und ein Zugführer, der den Scherz mit den paarungsgeeigneten Toiletten nie wiederholt haben soll.

2. Kapitel:
Schäden im Stellungskrieg –
Unfälle zu zweit

Sex haben die Menschen normalerweise zu zweit. Mal schenken sie sich Zärtlichkeit und Hingabe, mal wollen sie es etwas heftiger. Und manchmal wollen sie auch ganz neue und exotische Stellungen ausprobieren. Das ist alles schön und spaßig und bringt ein bisschen Würze ins Leben. Doch sollte man den Verstand nicht völlig ausschalten. Denn wenn die Hormone die Herrschaft übernehmen, dann bleibt die Vorsicht hin und wieder außer Acht.

Nun sind wir alle ja nicht zerbrechlich, und etwas zufassen möchte der eine oder andere beim Liebesspiel schon. Sturm und Leidenschaft fegen über uns hinweg, und beim Sex entdeckt so mancher, dass er noch viel beweglicher ist, als er glaubt. Aber gerade die Geschlechtsorgane gehören doch zu den eher empfindlichen Teilen des menschlichen Körpers. Und auch die Beweglichkeit sollte man nicht überschätzen.

Unfälle beim Sex zu zweit können an allen möglichen und unmöglichen Orten vorkommen, wie Sie im Folgenden feststellen werden. Und sie können bei jeder erotischen Variante auftreten. Wir präsentieren Ihnen eine Auswahl an besonders häufigen oder besonders originellen Missgeschicken. Aber nicht alles ist lustig: Es gibt in diesem Kapitel auch Todesfälle zu verzeichnen, seien Sie gewarnt. Und es wird zum ersten Mal eine prominente Persönlichkeit im Mittelpunkt eines authentischen Falles stehen. Um wen es sich dabei handelt, werden wir an dieser Stelle allerdings noch nicht verraten.

Ganz grundsätzlich und ernsthaft raten wir Ihnen, bei neuen Praktiken oder Orten lieber zweimal nachzudenken, damit Sie hinterher nichts bereuen müssen. Eine Liebesnacht, die im Krankenhaus endet, ist zwar auch unvergesslich, aber nicht in der Weise, wie die Liebenden sich das eigentlich vorgestellt hatten.

Deshalb prüfen Sie, wo Sie was tun. Und stellen Sie für alle Fälle einen Eimer Wasser bereit.

Außer Konkurrenz: Ein Beitrag aus Hollywood – Piercing mit Widerhaken

In der ansonsten belanglosen Komödie *Super süß und super sexy* mit Cameron Diaz gibt es eine Szene, in der ein Pärchen im wahrsten Sinne des Wortes unzertrennlich wird.

Zunächst glaubt der Zuschauer, es sei etwas Schlimmes geschehen. Cameron Diaz kommt mit einer Freundin nach Hause und sieht einen Tumult vor ihrem Haus.

»O mein Gott, was ist hier los?«, ruft sie.

Vor dem Haus sitzt ein Polizist und murmelt vor sich hin: »Zwanzig Jahre Polizist, und ich habe nie etwas Grauenvolleres gesehen.«

Cameron Diaz eilt die Treppe hinauf, vorbei an allerlei Schaulustigen. Als sie die Wohnungstür erreicht, sieht sie eine Menschentraube. Alle starren ins Zimmer.

»Gehen Sie lieber nicht rein«, warnt sie ein anderer Polizist vor der Tür. »Es ist kein schöner Anblick.«

»Aber ich wohne hier«, ruft sie.

Doch was ist so Grauenvolles passiert?

Als sie sich endlich durchgekämpft hat, sieht sie es. Ihre Mitbewohnerin hat Oralsex mit ihrem Freund, und jetzt hängt sie fest. Sie kommt nicht mehr von seinem Ding los.

»Ich habe ein Piercing«, sagt er entschuldigend.

Wir bezweifeln stark, dass so etwas in der Realität geschehen kann. Aber allein die Vorstellung ist aberwitzig. Und Schadenfreude ist die schönste Freude.

Platz 10: Am schönsten ist's im Bett

Am häufigsten ist der Sex im heimischen Bett. Das weiß auch die Möbelindustrie und berücksichtigt daher, dass in Betten nicht nur geschlafen wird. Welche Belastungstests vor der Auslieferung eines Modells stattfinden, wissen wir nicht. Dass sie aber nicht immer ausreichend sind, davon kann so mancher oder so manche ein Lied singen.

Liliane F. zum Beispiel. Liliane F. ist Single und will

auch keine feste Beziehung. Ihr Bett hat deshalb schon so manchen Besucher kennengelernt. Bis es eines Nachts genug davon hat. Da nämlich bringt Liliane einen Berg von Mann mit nach Hause. Er ist witzig, er ist zärtlich – und er ist schwer. Dennoch ist er ein sehr beweglicher und schwungvoller Liebhaber. Etwas zu schwungvoll vielleicht.

Denn unter geschätzten 120 Kilo Lebendgewicht gibt das Bett gerade in dem Augenblick, als es am schönsten wird, den Geist auf. Als der Liebhaber mit lautem Stöhnen den Höhepunkt erreicht, gibt es einen lauten Knall, und der Lattenrost bricht entzwei.

Unangenehm, doch das Timing ist perfekt.

Platz 9: Übermut tut selten gut

Wenn beim Geschlechtsverkehr Blut ins Bett gelangt, dann liegt es meistens daran, dass das Mädchen noch Jungfrau war. In der heutigen Zeit kann man wohl davon ausgehen, dass junge Menschen vorher miteinander darüber sprechen. Wenn also das Mädchen keine Jungfrau mehr ist (und nicht ihre Tage hat), und da trotzdem Blut ist, dann hat sie entweder gelogen, oder die beiden haben ein Problem.

So geht es einem jungen Pärchen, das seinen Schrecken hinterher in einem Ratgeberforum zum Besten gibt.

Svenja und Niklas gehen noch zur Schule, und sie sind verliebt ineinander, so verliebt, wie man es nur beim ersten Mal ist. Und als sie zum ersten Mal miteinander schlafen, sind sie entsprechend aufgeregt. Vor allem Niklas, denn für ihn ist es tatsächlich das allererste Mal.

Sie beginnen es langsam, und dann vergessen sie Raum und Zeit. Beim Eindringen stellt Niklas sich zunächst etwas ungeschickt an, doch dann stößt er zu. Er fühlt einen kleinen kurzen Schmerz, der aber im Überschwang seiner Gefühle schnell verschwindet.

Und dann ist da plötzlich der Schreck, als er Blut an seiner Hand sieht. Die beiden trennen sich und sehen mehr Blut. Es stellt sich schnell heraus, dass Niklas der Urheber ist. Und so peinlich es den beiden ist, ziehen sie sich doch schnell an und lassen sich mit einem Taxi ins Krankenhaus bringen. Niklas stopft vorher seine Hose mit Verbandszeug regelrecht aus.

So schlimm die Befürchtungen der beiden zuerst waren, so glimpflich geht es am Ende doch aus. Was ist geschehen?

Ein Fall, der gar nicht so selten vorkommt, wie jeder Urologe weiß, ist der Riss des Vorhaut-Bändchens, des sogenannten Frenulums. Besonders bei Jungen, die noch keinen oder erst selten Geschlechtsverkehr hatten, kommt dies immer wieder vor. Dann ist natürlich auch die Aufregung besonders groß. Dabei ist diese Verletzung relativ ungefährlich, wenn sie auch ziemlich stark blutet.

In jedem Fall sollte man schnellstmöglich zum Arzt gehen und keine falsche Scham zeigen. Das Bändchen kann unter örtlicher Betäubung rasch genäht werden.

Vertraut man jedoch auf die Selbstheilung der Natur, dann besteht die Gefahr einer Narbenbildung, die später sehr lästig und störend werden kann.

Platz 8: Ein Mann muss duften, überall

Von einem selbst verschuldeten Missgeschick berichtet Andreas F. aus Leipzig. Er ist zwanzig und hat sein erstes ernsthaftes Date. Der Abend beginnt vielversprechend, und nach dem Besuch eines Restaurants begleitet ihn das Mädchen in seine Studentenbude.

Da er sich etwas verschwitzt fühlt, möchte er sich kurz frisch machen, um einen guten Eindruck zu erwecken. Also verschwindet er kurz im Badezimmer, putzt die Zähne, sprüht sich etwas Rasierwasser auf die Wangen und kommt dann auf eine verhängnisvolle Idee. Er ist sehr aufgeregt und hofft, dass es zu Intimitäten kommt. Da er sehr unerfahren ist, fürchtet er, sein Intimbereich könnte abstoßend riechen. Ohne lange nachzudenken, öffnet er seine Hose und besprüht nicht nur die Leistengegend, sondern auch die entblößte Eichel mit dem Rasierwasser.

Der Schmerz setzt sofort und heftig ein. Er beschreibt das Gefühl später so, als hätte jemand ein Feuerzeug an seine Weichteile gehalten. Durch sein Geschrei und den Lärm, den er beim Umherhüpfen im Badezimmer verursacht, wird die neue Freundin aufgeschreckt und geht nachsehen.

Der Anblick des jungen Mannes, der mit heruntergelassener Hose versucht, seinen malträtierten Penis unter den Wasserhahn zu halten, erweckt wahrscheinlich
viele Gefühle in ihr, nur keine erotischen.

Andreas F. versucht zu erklären, was geschehen ist,
doch das macht die Sache nur schlimmer.

Was an diesem Abend noch geschehen ist, darüber
schweigt er sich aus. Zu Intimitäten kam es jedenfalls
wohl eher nicht mehr.

Platz 7: Glück und Glas

Der Reiz des Neuen ist ein sehr starker Reiz. Und oft ist
er stärker als jede vernünftige Überlegung. Auch Erich
und Sonja B. wollen an einem denkwürdigen Samstagabend mal etwas ganz anderes ausprobieren, um Feuer
in ihre Ehe zu bringen.

Seit zwei Wochen haben sie jetzt den neuen Couch-
tisch und genauso lange reizt er schon Erichs Fantasie.
Der Tisch hat eine Glasplatte, und immer wenn Erich B.
mit der flachen Hand darüber streicht, dann hat er ein
Bild vor Augen. Und heute erzählt er voller Vorfreude
Sonja davon.

Sie ahnen schon, worum es geht? Ja, um Sex auf einer Tischplatte, aber der etwas anderen Art. Da könne
nichts passieren, versichert Erich. Er kenne sich da aus
und habe die Platte auch mit seinem ganzen Lebendgewicht auf ihre Haltbarkeit getestet.

Doch Erich legt noch einen drauf. Als die beiden den Tisch abgeräumt und sich entkleidet haben und als Sonja B. sich vorsichtig und mit einem etwas mulmigen Gefühl mit dem Rücken auf die Glasplatte legt, gerät ihr Gatte schier außer sich vor Begeisterung. Er holt jetzt noch den großen Spiegel aus der Garderobe und legt ihn unter den Tisch.

Das Liebesspiel beginnt und wird schnell heftiger. Erich B. mag die Platte getestet haben, aber nicht mit starken Bewegungen. Als die beiden zum Höhepunkt streben, kommt ein tiefer Fall. Die Tischplatte gibt nach und zerspringt in viele Hundert Teile. Sonja B. kracht zu Boden, und auch der Spiegel geht entzwei.

Zum Glück war die Tischplatte aus Sicherheitsglas, sonst hätte der Abend tödlich enden können. Aber so kommt Sonja B. mit etlichen Schnitt- und Kratzwunden und einigen Prellungen davon. Auf dem Rücken konnte sie zunächst aber nicht mehr liegen.

Platz 6: Romantik bei Kerzenschein

Und dabei hat alles so wunderbar begonnen. Robert P. will seiner Frau Sabine, die an diesem Abend von einer dreitägigen Dienstreise nach Hause kommt, eine unvergesslich romantische Nacht bereiten. Er hat Räucherstäbchen besorgt, Massageöl, eine CD mit sinnlich-meditativer Musik und er hat Kerzen aufgestellt, sehr viele Kerzen. Denn Sabine liebt Kerzen.

Als er seine Frau kommen hört, zündet er die Kerzen an, eine nach der anderen. Das Schlafzimmer verwandelt sich in eine romantisch flackernde Liebeshöhle. Und er hat sich nicht getäuscht. Seine Frau findet die Idee großartig. Die beiden umarmen sich, küssen sich, reißen sich die Kleider vom Leib. Es hätte so schön werden können …

Robert beginnt seine Angebetete mit einer Massage zu verwöhnen, doch schneller als gedacht entwickelt sich ein heftiges Liebesspiel. Die beiden wälzen sich in heißer Umarmung im Bett, ohne auf die Umgebung zu achten. Doch auch diese ist heiß.

Als Robert den Rauch sieht, ist es allerhöchste Zeit. Ohne es zu merken, haben sie zwei Kerzen auf einem Nachtkästchen umgeworfen. Die eine ist auf die Bettdecke, die andere auf den Läufer gefallen. Auf dem Bett züngeln schon die Flammen, während der Läufer noch kokelt. Die beiden springen erschrocken auf und versuchen, die Flammen zu ersticken. Dabei reißen sie andere Kerzen um und verursachen neue Brandherde. Die Lage ist nicht mehr zu retten.

Robert und Sabine P. können froh sein, mit heiler Haut davongekommen zu sein. Mit viel mehr aber nicht. Denn als die rasch eingetroffene Feuerwehr den Zimmerbrand gelöscht hat, stehen die beiden nackt und notdürftig in Decken gehüllt vor dem Desaster. Das Schlafzimmer ist ein Chaos aus Ruß und Schaum und auch der Rest der Wohnung sieht aus wie nach einem Bombeneinschlag. Von Romantik keine Spur.

Platz 5: Schwergewichtige Duschspiele

Am Ende sind drei Mann nötig, um Ludwig P. aus seiner misslichen Lage zu befreien. Was passiert ist? Nun, beginnen wir von vorne.

Der stark übergewichtige Ludwig P. und seine Lebensgefährtin Rita F. vergnügen sich gemeinsam unter der Dusche. Es ist aber keine richtige Duschkabine, sondern eine Badewanne mit Duschkopf, wie sie in vielen Altbauwohnungen unserer Großstädte zu finden sind. Gegenseitiges Einseifen hat seinen erotischen Reiz, doch sollte man immer wissen, wo die Seife gerade ist.

Im vorliegenden Fall fällt sie irgendwann zu Boden. Rita F. versucht die Seife aufzuheben, aber als sie dabei an Ludwig P. stößt, rutscht dieser aus und verliert das Gleichgewicht. Beim Versuch sich irgendwo festzuhalten reißt er die gesamte Duschvorrichtung aus Stange und Duschvorhang mit sich, stürzt mit dem Steißbein auf den Rand der Badewanne und begräbt seine Lebensgefährtin unter seinen 120 Kilogramm Lebendgewicht.

Zwar könnte Rita F. sich sicher irgendwie befreien, doch bei jeder Bewegung stöhnt Ludwig P. vor Schmerzen, da er sich offensichtlich am Rücken verletzt hat. Die beiden fürchten, er könnte bei einer falschen Bewegung einen bleibenden Schaden davontragen. So bleibt Rita F. eingeklemmt zwischen den Beinen ihres Freundes und ruft um Hilfe, da sich – Glück im Unglück – ihre halbwüchsige Tochter noch in der Wohnung befindet.

Alle Versuche der Tochter, irgendwie zu helfen, gehen unter im Schmerzgeschrei von Ludwig P. Schließlich ruft sie einen Rettungswagen. Der Notarzt kann eine Wirbelsäulenverletzung zunächst nicht ausschließen, weshalb auch noch die Feuerwehr mit speziellem Bergegerät kommen muss, bis das unglückliche Paar endlich aus seiner Lage befreit werden kann.

Ludwig P. wird im Krankenhaus geröntgt, und in der Tat sind zwei Wirbel im Beckenbereich verschoben, aber es gibt keinen Bruch. Für Ludwig P. endet die Geschichte mit einem zweiwöchigen Krankenhausaufenthalt, um seinen Rücken zu stabilisieren. Und er schwört seiner Lebensgefährtin, dass er einige seiner Kilos abnehmen wird.

Platz 4: Ein Fall von Vaginismus

Unter Vaginismus versteht man eine Verkrampfung der Scheidenmuskulatur, über die die Frau keine Kontrolle hat. Wenn dies während des Geschlechtsverkehrs auftritt, steckt das beste Stück des Mannes erst mal fest. Es ist zwar ein Ort, an den sich Männer in der Regel wünschen, doch der Lustfaktor kann sehr schnell gegen null sinken.

Gerüchteweise soll es auch vorkommen, dass der Notarzt ausrücken muss. Von einem solchen Fall weiß ein Zivildienstleistender der Johanniter, der unbekannt bleiben will, zu berichten. Übrigens bestreiten viele Ärzte, dass der Vaginismus in dieser Form überhaupt auftritt. Wir möchten Ihnen die folgende Geschichte dennoch nicht vorenthalten:

Der Rettungswagen wird zu einer Wohnung im zweiten Stock gerufen, wo ein verzweifeltes Pärchen sich nicht mehr trennen kann. Wenigstens hatten sie ein Handy in Reichweite. Die Anruferin hatte von heftigen Unterleibskrämpfen gesprochen. Die genauen Umstände enthüllen sich den Rettern erst jetzt. Ob der Vorfall ein Eingreifen der Retter wirklich nötig gemacht hat, muss allerdings dahingestellt bleiben. Statt sich an Ort und Stelle um Hilfe zu bemühen, packen die Sanitäter die beiden nämlich mühsam auf eine Trage und decken sie zu, da sie splitternackt sind.

Der Transport durchs Treppenhaus verursacht so viel Aufsehen, dass alle Nachbarn es mitbekommen, und irgendwann schwant den beiden Unglücksvögeln wohl, dass dies volle Absicht ist. Im Rettungswagen erhält die Frau dann endlich ein krampflösendes Mittel injiziert, wodurch das Problem rasch behoben wird. Die Sanitäter verabschieden sich, da sie angeblich zu einem neuen Einsatz müssen, und behalten die Decken im Auto.

Auf die Frage, warum die Injektion nicht in der Wohnung gegeben wurde, lacht der Zivi nur. So werde das in solchen Fällen immer gemacht. Beschwert habe sich noch keiner, denn dann müsste der Betroffene die ganze Peinlichkeit ja auch noch schriftlich ausführen.

Platz 3: Inter pedes virginum ...

Zwischen den Beinen der Jungfrau verheißt ein lateinischer Spruch dem Jüngling nur Freuden. Doch kann es auch ganz anders kommen.

Beim Sex sind nicht nur Peinlichkeiten und Verletzungen aller Art möglich, wie Sie bisher einige kennengelernt haben. Sex kann auch tödlich enden. Aber bei aller Tragik und allem Mitgefühl mit den Hinterbliebenen, es gibt Todesarten, die so absurd und abwegig sind, dass sie schon wieder komisch sind.

Ob es sich in der vorliegenden Geschichte wirklich um eine Jungfrau handelt, wagen wir zu bezweifeln. Jedenfalls verschaffen sich beide mit der Zunge gegenseitige Freude. Der Jüngling steckt mit seinem Kopf dabei zwischen den Schenkeln seiner Gespielin. Die Lust wird immer größer, und er will nicht von ihr lassen.

Als die beiden sich herumwälzen, wird sein umklammerter Kopf so unglückselig gedreht, dass die Halswirbelsäule bricht. Wahrscheinlich hat die Frau das Missgeschick gar nicht sofort bemerkt, sondern erst als ihr Liebhaber plötzlich so passiv war.

Platz 2: Der Höhepunkt kommt vor dem Fall

Geraten Menschen in den Liebesrausch, vergessen sie nur allzu oft, was rings um sie herum passiert oder wo sie sich gerade befinden.

Davon weiß ein junges Paar aus Taiwan ein Lied zu singen. Es ist Valentinstag, und die junge Lin und ihr Freund Chen feiern frisch verliebt auf dem Balkon von Chens Wohnung im siebten Stock. Zur Feier des Tages gönnen sie sich echten Champagner, und der schmeckt ihnen sehr gut. Sogar etwas zu gut. Anders ist das, was folgt, nicht zu erklären.

Lin und Chen werden übermütig, necken sich und knutschen auf dem Balkon herum, ohne auf die Höhe des Geländers zu achten. Was genau sie da treiben, wird nicht in Einzelheiten erwähnt. Es steht aber zu vermuten, dass sie sich extrem weit über das Geländer gebeugt haben. Wenn man sich mit geschlossenen Augen küsst, sieht man ja auch nicht, wie tief die Straße da unten verläuft.

Die Zärtlichkeiten steigern sich, und es geht so lange gut, bis Lin plötzlich den Halt verliert und über die Brüstung stürzt. Chen kann sie noch am Arm festhalten, doch verliert auch er durch den Ruck das Gleichgewicht und wird ebenfalls in die Tiefe gerissen. Kann es sein, dass ein so glücklicher Abend mit einem Sturz aus dem siebten Stock endet?

Das Schicksal hat auf Bitten der Göttin Venus ein Einsehen, und weil der Valentinstag der Tag der Liebenden ist, endet die Geschichte nicht im freien Fall, sondern die beiden Unglücksvögel schrammen an den Balkonen der weiter unten liegenden Wohnungen entlang, was den Fall abbremst, und landen auf dem Dach eines vierstöckigen Nachbarhauses. Sie erleiden zwar einige Knochenbrüche und Abschürfungen, kommen aber mit dem Leben davon.

Platz 1: Der Super-GAU: Penisbruch

Flugzeugabsturz, Gasexplosion, Pest und Cholera, ja, das sind alles sehr schlimme Dinge. Aber gibt es etwas, das ein Mann mehr fürchtet, als einen Bruch seines besten Stückes? Wir glauben nicht.

Dabei kann ein Penis gar nicht brechen, jedenfalls nicht im strengen Sinn, denn er hat ja keinen Knochen. Das würde sonst auch sehr komisch aussehen. Trotzdem hat sich der Begriff eingebürgert, denn das gefürchtete Phänomen sieht in der Tat sehr bedrohlich aus, und die Assoziation mit einem Bruch ist naheliegend. Rein anatomisch besteht der Penis vor allem aus Schwellkörpern, die sich bei sexueller Erregung mit Blut füllen und so die Erektion verursachen. Bei aller möglichen Härte ist dieser Körperteil jedoch alles andere als robust.

Was als Penisbruch bezeichnet wird, ist das Einreißen eines oder gar beider Schwellkörper oder der Membran, die den Schwellkörper umgibt. Zu einem Penisbruch kann es nur bei erigiertem Glied kommen, weshalb solche Fälle fast ausschließlich beim Geschlechtsverkehr auftreten. Die Ursache sind meist zu heftige Stöße, die ihr Ziel verfehlen.

Ein Penisbruch ist sehr schmerzhaft und meist mit einem knackenden Geräusch verbunden. Wenn ein seitlicher Schwellkörper betroffen ist, kann es sein, dass der Penis einen regelrechten Knick bekommt, was die Assoziation zu einem Bruch verstärkt.

Doch genug der akademischen Erläuterungen. Zur Beruhigung der männlichen Leser können wir mitteilen, dass es sich um ein eher seltenes Phänomen handelt. Statistisch gesehen betrifft es einen von 180 000 Krankenhausfällen. Eine Dunkelziffer kann weitgehend ausgeschlossen werden, da ein Penisbruch ein akuter Notfall ist, der unbedingt sofort behandelt werden muss, will man nicht Gefahr laufen, seine Erektionsfähigkeit dauerhaft einzubüßen.

Auch wenn Penisbrüche eher selten sind, so gibt es doch einen sehr prominenten Betroffenen, der über die näheren Umstände in einem Buch berichtet hat. Sie ahnen es sicher schon, wir sprechen von Dieter Bohlen, dem sogenannten Pop-Titanen. Dieter Bohlen erzählt von dem Vorfall in seinem Buch *Nichts als die Wahrheit*. Also muss es wohl stimmen. Doch damit nicht genug, auch seine damalige Lebensgefährtin Nadja Abd El Farrag hat der Öffentlichkeit in ihrer Autobiografie *Ungelogen* ihre Sicht des Vorfalls dargelegt. Dieter Bohlens Sex-Unfall dürfte damit eines der am besten dokumentierten Ereignisse der jüngeren Zeitgeschichte sein.

Was ist geschehen? Dieter Bohlen berichtet sehr eindringlich davon, dass es sich anhörte, als ob er mit seinem Fahrrad über eine Dose gefahren wäre. Danach wurde sein »kleiner Dieter« ziemlich schnell schwarz und ähnelte einem toten Aal. Jeder, der schon einmal einen toten Aal gesehen hat, wird jetzt vielleicht wegen des Größenvergleichs stutzen.

Doch hören Sie auch die andere Seite. Nadja Abd El Farrag lag unten, beide haben sich ziemlich heftig bewegt, und Dieter wollte zum »Endstoß« kommen. Und dann geschah es, dass er raus rutschte und gegen ihr Schambein knallte. Das Geräusch beschreibt sie als schlichtes Knack, doch auch sie wählt einen Fischvergleich, allerdings mit einer Muräne.

Jetzt wissen Sie im Detail, wie so etwas passieren kann. Wir raten Ihnen aber dringend, beim Geschlechtsverkehr nicht daran zu denken.

Dieter Bohlen musste übrigens zwei Berliner Krankenhäuser aufsuchen. Im ersten unterlief den Ärzten die Fehldiagnose Prellung. Erst im Klinikum Steglitz wurde das Ausmaß der Katastrophe am Aal oder an der Muräne erkannt, und die Ärzte begannen gleich mit der Operation. Dieter Bohlen hat den Unfall übrigens nach eigener Aussage ohne irgendwelche bleibenden Schäden gut überstanden.

3. Kapitel:
Der Mann als Einzelkämpfer –
die spektakulärsten
Selbstbefriedigungspannen

Zum Sex gehören normalerweise zwei. Manchmal auch drei oder vier. Doch das wollen wir hier nicht vertiefen. Soll der Mensch dann auf Sex verzichten, wenn er alleine ist? Egal, ob überhaupt oder nur mal gerade eben? Nein, natürlich nicht. Und es gibt durchaus Stimmen, die behaupten, Sex mit sich selber sei das Beste überhaupt. Oder in den Worten von Woody Allen: »Onanie ist Sex mit einem, den man wirklich liebt.«

Man kann es einfach mit seinen Händen machen oder verwenden, was einem gerade in die Finger oder vor die Augen kommt.

Es gibt zwar eine ganze Industrie, die diverse Hilfsmittel anbietet, um nicht nur langweilige Paarungsrituale wieder aufzupeppen, sondern auch dem Einsiedler zu helfen. Doch der Trieb bringt es mit sich, dass er oft auf augenblickliche Erfüllung besteht. Eine kleine Einkaufstour steht da nicht mehr zur Debatte. Aber wir Menschen sind ja fantasiebegabte Wesen, und so schreitet man zum kreativen Einsatz diverser Küchen- oder Haushaltsgeräte oder des Werkzeugkoffers.

Man muss in Baumärkten nur mal darauf achten, mit

welch liebevoll verzücktem Blick so mancher Heimwerker Geräte in der Hand wiegt. Einen Nutmuffenäquibrilierer zum Beispiel oder einen Blizé-Riemenkroksler. Mit Raufaserbeschichtung ist der sogar für SM-Spiele geeignet.

Männer denken angeblich nur an das eine. Und viele von ihnen glauben, dass sie ihren wichtigsten Körperteil nicht auf dem Hals, sondern zwischen den Beinen tragen. Und weil sie diesen Teil so lieben, haben sie die ganze Welt mit Phallussymbolen vollgestellt. Leuchttürme, Säulen, Hochhäuser, woran erinnert Sie das? Eben. Und auch ganz privat beschäftigen Männer sich gern und viel mit ihrem Penis. Manche sprechen sogar mit ihm.

Das alles müsste ja kein Problem sein, und es bräuchte auch niemanden zu interessieren, wenn nicht manche Männer auf so verrückte Ideen kämen, dass anschließend nur noch der Notarzt helfen kann.

Nun hat die Natur das männliche Glied so geschaffen, dass es grundsätzlich ein Organ ist, aus dem etwas rauskommt. Der umgekehrte Weg ist eigentlich nicht vorgesehen. Man kann nach tiefenpsychologischen Gründen suchen, warum manche Männer viel Energie darauf verwenden, etwas in ihre Harnröhre einzuführen, man kann aber auch einfach nur den Kopf schütteln.

Vielleicht denken Sie jetzt darüber nach, was man denn in eine Harnröhre reinstecken könnte. Und vielleicht erinnert sich mancher Leser jetzt peinvoll an eine

Situation, als ihm ein Arzt eine Kanüle auf eben diesem Weg einführte. Sie haben unser vollstes Mitgefühl. Doch möchten wir Sie nicht länger hinhalten.

Laut einem Bericht des Kantonsspitals St. Gallen werden dort jedes Jahr drei bis vier Patienten mit Fremdkörpern im Urogenitaltrakt behandelt. So heißen die männlichen Geschlechtsorgane im Fachjargon. Drei bis vier pro Jahr, aber wohlgemerkt nur in einem Krankenhaus einer Schweizer Kleinstadt, und nur die Fälle, in denen der Betreffende sich nicht selbst zu helfen wusste. Wir sparen uns jetzt eine Hochrechnung auf die Bevölkerungszahl und die Schätzung einer Dunkelziffer. Der Grund für das Einführen liegt in aller Regel in autoerotischer Absicht.

Wenn man mal sammelt, was für Gegenstände so aus verschiedenen Penissen schon entfernt werden mussten, dann kommt ein erstaunliches Warenlager zusammen. Es finden sich kunststoffummantelte Drähte, Wachskerzen, Knetmasse, Trinkhalme, Büronadeln, Kugelschreiberminen, Wunderkerzen, Zahnbürsten, Haarnadeln, Nussschalen, Thermometer und sogar Rosen. Einige besonders spektakuläre Fälle werden wir Ihnen nun präsentieren. Wer allerdings allein bei dieser Aufzählung schon eine Gänsehaut bekommen hat, sei vor den folgenden Schilderungen gewarnt.

Platz 10: Da hängt ein toter Mann im Schrank

Ein gefährliches Spiel mit dem eigenen Leben ist das simulierte Ersticken. Gerade darin besteht für manche Zeitgenossen aber der Reiz. Je weniger Luft, desto größer die Erregung. Solche Spiele können böse enden, vor allem, wenn man sie alleine spielt.

Der prominenteste Fall ist der des Schauspielers David Carradine, bekannt aus dem Film *Kill Bill* oder der Fernsehserie *Kung Fu*, der 2009 tot in einem Hotelzimmer in Bangkok aufgefunden wurde. Er hielt sich wegen Dreharbeiten in der Stadt auf.

Da es keine Anzeichen für ein Verbrechen gab, ging die thailändische Polizei zunächst von einem Selbstmord aus. Doch der Fall war zu bizarr für eine solch simple Erklärung.

Es dauerte auch nicht lange, bis die näheren Umstände seines Ablebens durch die Medien gingen. Carradine hing tot und fast nackt in einem Schrank seines Hotelzimmers. Eine Kordel war laut Aussage des Polizeichefs von Bangkok um seinen Hals, eine andere um seine Genitalien gebunden. Da beide über eine Aufhängung im Schrank miteinander verbunden waren, ist von einer autoerotischen Manipulation mit Erstickungsspielen auszugehen.

Platz 9: Da bleibt mir die Luft weg

Wie solche Spiele ablaufen und wie schmal der Grat zwischen Leben und Tod ist, auf dem die Handelnden tanzen – wobei gerade diese Gefährlichkeit als erregend empfunden wird –, das kann man von Dieter Z. erfahren, der eine ähnliche Situation knapp überlebt hat.

Der junge Mann hatte Glück im Unglück und war noch in der Lage, den Rettungsdienst zu alarmieren. Im Krankenhaus beichtete er später den Ärzten, was geschehen war:

An diesem Abend experimentiert er nicht zum ersten Mal mit der Selbststrangulation. Er muss es immer wieder tun, da er nur auf diesem Weg sexuelle Befriedigung erfährt. Da er sich in klaren Momenten durchaus der Gefährlichkeit seines Tuns bewusst ist, hat er ein eigenes Sicherungssystem erdacht. Er installiert nämlich zwei Seile, eines, um sich zu erhängen, und eines, um sich zu retten.

Sobald er merkt, dass ihm an seinem Galgen Marke Eigenbau die Sinne schwinden, richtet er sich mithilfe des zweiten Seils wieder auf. Auf diese Weise kann er seine Fantasien über einen längeren Zeitraum ausleben. Und bisher ist immer alles gut gegangen. Bisher!

Nur an dem fraglichen Tag reizt er die Grenze etwas zu lang aus. Als er kurz davor ist, ohnmächtig zu werden, will er sich, wie sonst auch, am zweiten Seil wieder hochziehen. Doch dieses Mal fehlt ihm die Kraft. Er hat zu lange gewartet. Es gelingt ihm nur, sich mit den

Händen halbwegs in der Schwebe zu halten, die Beine versagen ihren Dienst. Er glaubt, sein letztes Stündchen hätte geschlagen.

Doch genau diese Erkenntnis versetzt ihm einen Hormonstoß, der ausreicht, dass er sich noch mal aufrichten kann. Mit letzter Kraft vermag er den Notruf zu wählen.

Ob ihm dies eine Lehre auf Dauer war, darüber ist nichts bekannt. Vielleicht hat er auch nur seine Sicherungsmethoden verbessert und erhängt sich weiterhin Tag für Tag.

Platz 8: Ein Ring, alles zu bezwingen

Wer hat das nicht schon mal erlebt: Man steckt sich einen Ring an den Finger und bekommt ihn nur mit größter Mühe wieder ab. Bei älteren Menschen kommt es nicht selten vor, dass ein jahrelang getragener Ring überhaupt nicht mehr abgeht, da das umgebende Gewebe zu dick geworden ist. Aber an einem Finger ist das nicht weiter schlimm.

Doch Menschen kommen nun mal auf die verrücktesten Ideen. Und eine ganz verrückte Idee hat Horst M., als er von großer Sehnsucht nach seiner abwesenden Frau geplagt wird. Vielleicht will er ihr so nahe bleiben, wie es geht? Wer weiß es schon. Er selber kann jedenfalls später keinen vernünftigen Grund für sein Handeln angeben.

Horst M. stülpt seinen Ehering über seinen schlaffen

Penis, was ihm ganz einfach gelingt. Dann stimuliert er sich in autoerotischer Absicht und glaubt zu diesem Zeitpunkt noch, sein Penis würde nach der Ejakulation einfach wieder erschlaffen.

Doch dieser Körperteil ist von zahlreichen Gefäßen durchzogen und während einer Erektion läuft viel Blut hinein. Und danach läuft es normalerweise wieder ab. Doch jetzt kann das Blut wegen des Rings nicht mehr zurückfließen, und der Ring kann wegen der geschwollenen Gefäße nicht mehr abgezogen werden. Ein Teufelskreis.

Horst M. versucht es mit Creme und kaltem Wasser. Sogar Eiswürfel legt er auf. Es nützt nichts. Im Gegenteil hat er den Eindruck, dass die Schwellung immer mehr zunimmt. Und sein Penis beginnt nicht nur zu schmerzen, sondern zeigt eine zunehmend ungesunde blaue Färbung.

Endlich tut er das einzig Richtige und fährt so schnell er kann ins Krankenhaus. Doch auch die Ärzte sind ratlos. Dabei ist ihnen klar, dass es jetzt auf jede Minute ankommt, denn das, was Horst M. da zwischen den Beinen hat, ist schon lange keine Erektion mehr. Das ist ein ausgewachsenes Ödem.

Es gibt nur eine Lösung: Der Ring muss ab. Aber nur der Ring. Und das ist das Problem. Glücklicherweise kann ein Ringschneider aufgetrieben werden, mit dem der verhängnisvolle Ehering ohne Verletzung des Penisgewebes durchtrennt und aufgebogen werden kann.

Platz 7: Heiß, Reiß, Reißverschluss

Wer hat es nicht schon getan? Trotzdem ist es den meisten Menschen natürlich peinlich, bei der Selbstbefriedigung überrascht zu werden. Und wenn man von der eigenen Mutter mit wortwörtlich heruntergelassener Hose erwischt wird, dann ist das sogar hochnotpeinlich. Aber es kann viel schlimmer kommen.

Diese Erfahrung macht der 15-jährige Schüler Kevin P., als er sich in seinem Zimmer vergnügt. Sobald seine Mutter seinen Namen ruft und er hört, wie sie die Treppe nach oben kommt, fällt ihm ein, dass er sein Zimmer gar nicht abgesperrt hat. Und trotz oftmaliger Ermahnung, kann seine Mutter es nicht lassen, plötzlich hereinzuplatzen. So sind Mütter eben. Kevin zieht seine Jeans hoch, so schnell er kann, und zieht mit raschem Schwung den Reißverschluss zu. Leider etwas zu früh und etwas zu heftig, da noch nicht alles sicher verstaut war. Die Zähne des Reißverschlusses erfassen ein Stückchen Haut des Hodensacks.

Und im selben Moment, als seine Mutter ganz diskret an die Tür klopft und fragt: »Kevin, bist du da?«, ertönt von innen ein schriller Schmerzensschrei.

Kevins Mutter erfasst den Ernst der Lage mit raschem Blick und bringt ihren Sprössling so schnell sie kann ins Krankenhaus. Er übersteht die Geschichte ohne bleibenden Schaden.

Platz 6: Und läuft und läuft und läuft …

Es ist kein Geheimnis, dass auch Männer Vibratoren benutzen, und für das Einführen in den Anus hält der einschlägige Fachhandel Dutzende von Modellen in verschiedenen Größen bereit.

Welches Modell auch immer der 23-jährige Daniel M. benutzte, es passte sehr gut. Es passte sogar zu gut.

Vermutlich dachte Daniel M. nicht an ein Zäpfchen, als er sich den Vibrator einführte. Ganz bestimmt sahen seine Fantasien ganz anders aus. Doch spätestens, als er das Gerät wieder entfernen wollte, muss ihm der Gedanke an das Zäpfchen gekommen sein. Der Vibrator steckte nämlich so tief, dass er ihn nicht mehr erreichen konnte. Und alle Anstrengungen, die er unternahm, blieben erfolglos. Das Ding ließ sich nicht herausziehen, nicht herauspressen, nichts, es blieb, wo es war.

Die Sache war Daniel M. so peinlich, dass er zwei Tage wartete, bis er ins Krankenhaus ging. Warum zwei Tage?

Wie der Name schon sagt, vibriert ein Vibrator. Und er hört nicht von alleine damit auf, nur weil er seinen Zweck erfüllt hat. Er hört erst auf, wenn die Batterie leer ist. Daniel M. hatte also zwei Tage lang einen vibrierenden Vibrator im Anus. Das mag sich für manchen anhören wie der ultimative Kick. Doch der arme Kerl versicherte glaubhaft, dass es in Wirklichkeit eine Folter war. Er mochte das Gerät auch nicht mehr haben, nachdem die Ärzte es in wenigen Minuten entfernt hatten.

Wie lange es dauerte, bis er einen neuen Vibrator kaufte, wissen wir nicht. Auch nicht, ob es jetzt vielleicht ein Modell mit Rettungsschnur war.

Platz 5: Das Thermometer

Wer sich schon einmal eine Sonde über die Harnröhre einführen lassen musste, zum Beispiel zur Behandlung von Blasensteinen, wird das als äußerst unangenehm in Erinnerung haben. Trotzdem gibt es offenbar auch Männer, für die so etwas einen ganz speziellen Reiz hat. So wird in einer urologischen Fachzeitschrift aus dem Jahr 2000 von 800 Fällen berichtet, in denen Fremdkörper aus dem Urogenitaltrakt entfernt werden mussten. In den allermeisten Fällen waren autoerotische Spielereien die Ursache. Ein besonders skurriler Fall ereignete sich im Schweizer Kantonsspital von St. Gallen:

Eines Tages kommt ein 45-jähriger verheirateter Patient in die Notaufnahme und gibt freimütig zu, sich zum Zweck der Selbstbefriedigung ein Thermometer in die Harnröhre eingeführt zu haben. Es ist davon auszugehen, dass er das schon öfter gemacht hat – nur dieses Mal ist das Thermometer abgebrochen. Den Teil, der nach außen ragte, hat er noch selbst entfernt. Er kann aber nicht genau angeben, wie viel noch dort steckt, wo es definitiv nichts zu suchen hat. Und: Das Thermometer ist aus Glas, was die Ärzte das Schlimmste befürchten lässt.

Eine sofort durchgeführte Röntgenaufnahme bringt sie wenige Minuten später aber in allererster Linie zum Staunen. Sie zeigt nämlich nicht nur einen sieben Zentimeter langen Fremdkörper im Penis, sondern zusätzlich ein zehn Zentimeter langes Stück in der Blase. Man muss kein mathematisches Genie sein, um nachrechnen zu können, dass sich der Mann also eine fast zwanzig Zentimeter lange Glasröhre in seinen Penis eingeführt hat. So lang?

Ja, so lang. Denn es handelte sich dabei nicht etwa um ein ganz gewöhnliches Thermometer für den ganz gewöhnlichen Hausgebrauch. Nein, wenn schon Zweckentfremdung, dann richtig. Denn hier ist nichts Geringeres zum Einsatz gekommen als die Röhre eines Außenthermometers!

Möglich, dass das Ganze anfangs Spaß gemacht hat. Das Finale findet nun im OP des örtlichen Krankenhauses statt, und das dürfte nicht mehr ganz so unterhaltsam gewesen sein.

Zunächst kann das zehn Zentimeter lange Stück aus der Blase entfernt werden. Es gibt aber noch eine Komplikation, denn zur Überraschung der Ärzte befindet sich in der Harnröhre gar kein Glas. Eine weitere Untersuchung ergibt, dass das vermisste Bruchstück über einen nur millimetergroßen Riss aus der Harnröhre in den einen Schwellkörper eingedrungen ist. Aber auch dieses Teil kann schließlich entfernt werden.

Der Patient hat Glück im Unglück, da das Thermometer nicht mit Quecksilber, sondern mit einer temperatursensiblen alkoholischen Flüssigkeit gefüllt war. Ansonsten hätte das, was als sexuelles Spiel gedacht war, tödlich enden können.

Platz 4: Das verhängnisvolle Kabel

In einem Lehrbuch der Urologie wird ein Fall dokumentiert, bei dem ein junger Mann sich ein Kabel in die Harnröhre einführte.

Er musste das Kabel dazu langsam hineinschieben, wie Ärzte es auch mit einem Katheterschlauch machen. Er hatte so etwas auch schon mehrmals gemacht und am Ende das Kabel wieder herausgezogen, da ja immer ein Stück vorne herausschaute.

Können Sie sich vorstellen, wie es gewesen sein muss, als genau das eines Tages nicht gelingt? Der Mann zieht an dem Kabel, aber es leistet Widerstand. Vielleicht schiebt er es noch ein Stückchen weiter hinein, um Spielraum zu schaffen, und zieht dann erneut. Wieder bleibt das blöde Kabel hängen, und wieder an derselben Stelle. Festeres Ziehen bringt ihn wegen der heftigen Schmerzen schnell zur Einsicht, dass das keine Lösung ist. Abwarten ist auch keine Option, da die Harnröhre zur Blasenentleerung bald wieder frei sein muss.

So bleibt ihm nur der Weg zum Krankenhaus. Doch auch die Ärzte haben ihre liebe Not mit der Geschichte und müssen schließlich operieren. Wie sich zeigt, ist das Kabel bis in die Harnblase geschoben worden und hat sich dort verknotet. Die Verklumpung ist zu groß, um auf natürlichem Wege den Körper wieder zu verlassen.

Aber einen kleinen Nutzen hat das Ganze doch: Denn für die Ärzte ist der Fall immerhin außergewöhnlich genug, um das Kabel vorher und nachher zu fotografieren, also einmal drinnen und einmal draußen, und für die Nachwelt zu dokumentieren.

Platz 3: Ein echter Mann macht alles selbst

Dies ist ein besonders extremer Fall von Selbstbefriedigung. Unser Mann ist nämlich einer von der ganz harten Sorte, der sich auch nach einem Unfall selbst versorgt, und zwar nicht auf die verweichlichte Tour.

Es muss sehr schlimm um den Arbeiter Hartmut K. stehen, damit er ärztliche Hilfe in Anspruch nimmt. Normalerweise kuriert er sich selber, schneidet Blasen auf, desinfiziert Verletzungen mit Alkohol, reißt sich schmerzende Backenzähne mit der Küchentür raus und würde sich vermutlich auch ohne Betäubung den Blinddarm operieren lassen. Sie kennen solche Typen sicher aus Western und Abenteuerfilmen. Eine Flasche Whiskey austrinken, auf ein Stück Holz beißen und durch.

Es steht also schlimm um Hartmut K., als er freiwillig ins Krankenhaus kommt, wobei von Gehen kaum mehr die Rede sein kann. Er schleppt sich gekrümmt und unter starken Schmerzen in die Notaufnahme.

Eine erste Untersuchung durch den diensthabenden

Urologen zeigt eine schwere Hodenverletzung mit starker Schwellung und Infektion. Eine sofortige Operation ist notwendig.

Also das Übliche: Hartmut K. nimmt sich eine Flasche Whiskey und ein Stück Holz zum Draufbeißen ...

Nein, natürlich nicht. Er erhält eine fachmännische Betäubung, seine Wunden werden gereinigt und versorgt. Es ist noch nicht zu spät.

Als Hartmut K. wieder ansprechbar ist, will der Arzt von ihm wissen, wie die Verletzung denn um alles in der Welt zustande gekommen ist. Schließlich steht der Verdacht im Raum, dass der Mann Opfer eines Verbrechens wurde.

Die Wahrheit ist Hartmut K. sichtlich peinlich, schließlich handelt es sich um eine Geschichte, über die kein Mann gerne spricht, und ein so harter Kerl wie Hartmut K. noch weniger.

Doch am Ende gesteht er, dass alles mit einer Masturbation begann. Aber ein echter Kerl nimmt nicht einfach die Hand, der nimmt den Schlagbohrer oder den Presslufthammer. Der braucht mindestens 200 Megawatt oder 5000 Umdrehungen pro Minute. Hartmut K. arbeitet in einer Metallfabrik und bedient dort Maschinen. Es ist die Präzision stampfender Kolben, kreisender Rotoren und krachender Stanzpressen, die ihn erregt.

Deshalb schaltet er auch in der Mittagspause eine seiner Maschinen ein und presst seinen Penis gegen den Keilriemen. Die Maschine wummert, und die Erregung steigt. Kurz vor dem Höhepunkt lehnt er sich zu weit vor und rutscht ab. Der Keilriemen streift seine Genitalien und reißt den Hodensack auf.

Doch als harter Kerl und passionierter Heimwerker schreitet Hartmut K. zur Selbsthilfe. Er nimmt einen Schraubendreher in den Mund und beißt drauf. Dann greift er zum Tacker und versorgt seine Wunde wie harte Kerle das eben machen. Der Riss ist dicht, da fällt nichts raus.

Einige Stunden übersteht er auf diese Weise, dann sagt ihm der Rest Vernunft, der in seinem harten Schädel verborgen ist, dass er doch einen Arzt braucht.

Plätze 2 und 1: Ein Staubsauger namens Kobold

Wer kennt nicht den Sketch, in dem der unvergleichliche Loriot als Staubsaugervertreter einer staunenden Evelyn Hamann sein technisches Wunderwerk präsentiert. »Es saugt und bläst der Heinzelmann, wo Mutti sonst nur saugen kann«, so lautet sein Motto. Da zur gleichen Zeit auch ein Vertreter für Weine anwesend ist, der großzügig Weinproben ausschenkt, wird die Runde immer feuchtfröhlicher, und schließlich spricht die sichtlich angetrunkene Hausfrau aus, was alle Zuschauer sowieso denken: »Es saugt und bläst der Heinzelmann, wo Mutti sonst nur blasen kann.«

Die Szene ist zwar erfunden, den Staubsauger, der vorgeführt wurde, gab es aber wirklich, nur dass er nicht

Heinzelmann, sondern Kobold hieß. Wir wissen nicht, ob es Loriots Sketch war, der manchen erst auf dumme Gedanken brachte, wir vermuten aber, dass dies nicht nötig war. Denn auf dumme Gedanken kommen Menschen zuverlässig von alleine.

Wenn Sie jetzt denken, darüber könnte man ein ganzes Buch schreiben, dann haben Sie recht, und dieses Buch gibt es tatsächlich. Es handelt sich um eine Doktorarbeit mit dem Titel »Penisverletzungen bei Masturbation mit Staubsaugern«, eingereicht bei der Fakultät für Medizin der Technischen Universität München von Michael Theimuras. Untersucht wurden Unfälle mit dem Staubsauger der Marke Kobold der Firma Vorwerk Elektrowerke GmbH & Co. KG. Es war vor allem diese Dissertation, die dazu führte, dass die Firma das Modell vom Markt nahm. Niemand hat bezweifelt, dass der Staubsauger seine eigentliche Aufgabe, nämlich die Bodenreinigung, zur vollsten Zufriedenheit erfüllte. Aber Sie erinnern sich? Es saugt und bläst der Heinzelmann …

Der Kobold-Staubsauger hatte die technische Besonderheit, dass sich sein Motor direkt hinter der Saugdüse befand. Ja, Sie ahnen richtig. Dadurch war die Saugstärke besonders hoch und die Nähe des Rotors am Ende der Saugvorrichtung führte dort zu einer leichten Vibration.

In der besagten Doktorarbeit werden Sechzehn Fälle aus den Jahren 1966 bis 1972 in allen Einzelheiten dargestellt. Jetzt werden Sie sagen: Sechzehn Fälle in sieben Jahren ist ja nicht sooo viel. Aber wenn man weiß, dass nur drei Krankenhäuser in die Untersuchung einbezogen wurden, dann sieht es schon wieder etwas anders aus, und man kann sich ausmalen, wie groß der Eisberg ist, dessen Spitze hier veröffentlicht wurde.

Das Schicksal nimmt seinen Lauf mit dem Abnehmen des Saugstutzens. Jetzt liegt das Saugrohr offen und lockt mit abenteuerlichen Versprechungen. Da das Rohr vergleichsweise dünn ist, muss der Penis in erschlafftem Zustand eingeführt werden. Schaltet man den Motor anschließend ein, so führt dies durch die erwähnte Vibration und die Saugwirkung meist sehr rasch zu einer Erektion. Der Penis wird in das Innere der Röhre gesaugt.

Was hier so trocken technisch beschrieben wird, endete bei den Betroffenen jedoch in einer schmerzhaften Katastrophe. Vermutlich hatte sich niemand die Mühe gemacht, vorher nachzumessen, dass die Propellerblätter des Staubsaugers nur elf Zentimeter hinter der Öffnung des Saugstutzens lagen. Elf Zentimeter? Eben!

Wir wollen hier nicht alle Fälle ausbreiten, zumal der Ablauf immer sehr ähnlich war. Deshalb haben wir zwei oder besser zweieinhalb Fälle ausgewählt, die aus der Masse herausragen und die Spitzenplätze unserer Top 10 in der Kategorie »Heimwerker« belegen.

Platz 2:

Der 59-jährige Herr F., geschieden und von Beruf Mechaniker, lebt seit sechs Jahren mit seiner Freundin zusammen. An jenem schicksalshaften Tag liegt er nackt auf dem Bett, während seine Freundin in der Wohnung staubsaugt. Was soll man währenddessen auch anderes tun? Um ihn zu necken, fährt die Frau mit dem Staubsauger auch über seinen Körper und seinen Unterleib. Wir verkneifen uns an dieser Stelle tiefenpsychologische Anmerkungen. Herr F. sagt später aus, er habe ein erregendes Kitzeln im Penis gespürt. Seine Freundin nimmt daraufhin den Bürstenaufsatz vom Gerät und führt das Rohr zum erwartungsvollen, aber noch nicht erigierten Penis ihres Geliebten. Im nächsten Augenblick wird das Glied in den Staubsauger eingesogen, und Herr F. verspürt einen fürchterlichen Schmerz.

Dabei hat er noch Glück im Unglück. An seinem empfindlichsten Körperteil wird zwar die Vorhaut zerfetzt und es gibt zwei tiefe Einschnitte in der Eichel, doch müssen in der Klinik keine Penisteile amputiert werden, wie es bei anderen Patienten durchaus notwendig war. Nach drei Wochen ist die Wunde weitgehend verheilt, wenn auch das Empfindungsvermögen durch bleibende Narben auf Dauer beeinträchtigt ist.

Platz 1,5 und Platz 1:

Der 31-jährige Schweißer Herr Z. kommt mit mehreren Riss- und Quetschwunden am Penis und einer durchtrennten Harnröhre in die Klinik. Die Wunden werden gereinigt und versorgt, was etliche Nähte und die Einführung eines Katheters beinhaltet. Man mag sich das gar nicht vorstellen.

Zum Unfallhergang berichtet der Patient, dass seine Frau für zwei Wochen verreist war und am nächsten Tag zurückkommen sollte. Als treusorgender Gatte will er deshalb die Wohnung auf Vordermann bringen und macht überall sauber. Zwischendurch blättert er immer wieder in Illustrierten, wobei aber nicht angegeben wird, um welche Art von Zeitschriften es sich handelte. Seine Gedanken schweifen ins Erotische, und nach eigener Aussage assoziiert er »Saugen« mit »Staubsaugen«. Müssen wir es noch mal wiederholen? Es saugt und bläst ... Nein, wir müssen es nicht. Den Rest können Sie sich sowieso denken. Er führt seinen halberegierten Penis mit zurückgezogener Vorhaut bei laufendem Rotor in das Ansaugrohr seines Kobolds. Dann gibt es einen lauten Knall und viel Blut.

Die Geschichte ist schlimm genug, aber noch nicht zu Ende. Der 59-jährige Vater des Patienten, Herr Z. sen., will nicht glauben, was sein Sohn erzählt, und vermutet Ehebruch und schlimme Perversionen hinter der Verletzung. Als nüchterner Mann der Tat schreitet er zu einer empirischen Erhebung. Kurz gesagt, er möchte nachprüfen, ob eine solche Art der Verletzung tatsächlich möglich ist. Zu diesem Zweck stellt er die Situation möglichst genau nach und steckt nun seinen eigenen Penis bei ebenfalls laufendem Rotor in das Ansaugrohr eines Kobolds. Ob es dasselbe Gerät ist, wird nicht erwähnt. Aber die Marke war seinerzeit weit verbreitet.

Das Experiment verläuft im wissenschaftlichen Sinne positiv und ist damit ein voller Erfolg.

Wir sind der Ansicht, dieses Ausmaß an Dämlichkeit verdient die volle Punktzahl. Ein so empfindliches Körperteil wie den Penis in einen laufenden Staubsauger zu stecken, ist schlimm genug. Doch dies zu tun, nachdem man gesehen hat, welch furchtbare Verletzungen man sich dabei zuziehen kann, ist unüberbietbar.

Ob Dummheit erblich ist? Im Fall dieser Familie besteht zumindest die Hoffnung, dass es keinen weiteren Nachwuchs gibt.

4. Kapitel:
My Car is my Castle – in meinem Auto, da fühl ich mich daheim

*F*ür viele Zeitgenossen ist ihr Auto ihr Heiligtum. Die Soundanlage ist mindestens so gut wie die im heimischen Wohnzimmer, die Sitze sind manchmal bequemer als der Sessel, und manche verbringen sogar mehr Zeit im Auto als daheim auf dem Sofa.

Sagen wir es doch, wie es ist: Viele Menschen haben ein erotisches Verhältnis zu ihrem Fahrzeug. Beobachten Sie mal, wie Ihr Nachbar zärtlich über den frisch polierten und gewachsten Lack streicht, wie Ihr Kollege verzückt und selig lächelt, wenn er mit dem Gaspedal den Motor zum Schnurren bringt. Da ist es kein Wunder, dass so mancher auch sein Liebesleben ganz oder teilweise ins Auto verlegt.

Aber Vorsicht! Die Straßenverkehrsordnung und die Gesetze der Physik gelten auch, wenn Sie ganz anderes im Sinne haben und wenn Ihre Gedanken auf verführerische Abwege gleiten. Deshalb empfehlen wir dringend, rechts ranzufahren, wenn die Hormone die Herrschaft übernehmen, und immer dran zu denken, wo man seinen Schlüssel lässt. Sonst kann das zärtlichste Abenteuer tödlich enden. Zumindest aber peinlich.

Platz 10: Ein Beitrag aus Hollywood

Diese Geschichte läuft eigentlich außer Konkurrenz. Wir haben sie aber aufgenommen, da sie sehr anschaulich zeigt, was man normalerweise eben nicht zu sehen bekommt. Es geht um einen Unfall, an dem uns die Brüder Ethan und Joel Coen in ihrem Streifen *The Man who wasn't there* (auch: *Der unauffällige Mr. Crane*) von 2001 teilhaben lassen.

Der erfolglose Mr. Crane (Billy Bob Thornton) fährt im Auto mit der jungen Birdy (Scarlett Johansson), der Tochter eines Bekannten, der er zu einer Klavierausbildung verhelfen wollte, nach Hause. Das brave Mädchen ist leider nicht talentiert genug, was ihr weniger auszumachen scheint als Mr. Crane. Für seine Unterstützung und seinen guten Willen möchte das Mädchen sich auf eine ganz besondere Art bedanken. Sie küsst ihren Mentor plötzlich und beugt sich dann während der Fahrt über ihn, um seine Hose zu öffnen und ihn oral zu befriedigen. Der völlig überraschte Mr. Crane will sie davon abhalten, doch Birdy sagt nur ganz beiläufig, dass sie das gern mache.

Es kommt, wie es kommen musste. Mr. Crane verliert die Kontrolle über seinen Wagen, und als ihnen ein Auto entgegenkommt, werden sie beim Ausweichversuch von der Fahrbahn geschleudert und überschlagen sich. Birdy überlebt den Unfall leider nicht. Von der wahren Ursache wird jedoch nie jemand etwas erfahren.

Zwar ist diese Geschichte nur ausgedacht, aber sie ist

auf eine Art erzählt, die den Zuschauer verblüfft. Und solche Vorfälle gibt es in der Wirklichkeit zur Genüge ...

Platz 9: Fahr nicht zu schnell

Diese Geschichte hat uns aus Italien erreicht. Niemand weiß genau, was wirklich geschehen ist, da die einzigen, die es wissen müssten, nicht mehr unter uns weilen. Aber die Indizien sind ziemlich eindeutig: Die Insassen des verunglückten Kleinwagens trugen nämlich keine Hosen, und es konnte kein Fremdverschulden festgestellt werden.

Der Unfallhergang konnte wie folgt rekonstruiert werden: Sergio N. und Paola F. waren in den bergigen Abruzzen unterwegs und ganz entgegen den üblichen Klischees saß die Frau am Steuer. Während Sergio sie offensichtlich sexuell stimulierte – hier verbieten wir uns alle näheren Spekulationen –, kamen Frau und Auto immer mehr in Fahrt. Anhand der Bremsspuren konnte eine Geschwindigkeit von mindestens 140 Stundenkilometern errechnet werden. Und wer die Abruzzen kennt, weiß, wie häufig dort auch auf der Autobahn Kurven sind.

Was genau geschehen ist, wissen wir nicht, auch nicht, ob der Unfall durch einen finalen Orgasmus ausgelöst wurde. Jedenfalls raste das Auto viel zu schnell in eine Kurve, wurde aus der Fahrbahn geschleudert und krachte gegen einen Baum. Die beiden Insassen waren sofort tot.

Auf dem Handy von Paola F. war eine letzte SMS von ihrem Vater zu lesen. Sie lautete: »Fahr nicht zu schnell.«

Platz 8: Knutschen ist (manchmal) polizeilich verboten

Nicht alle Fälle enden so tragisch. Manche sind bloß peinlich, jedenfalls für die Beteiligten. Für alle anderen sind sie eher unterhaltsam.

Im Auto fühlen wir uns wie zu Hause. Haben Sie nicht auch schon Leute gesehen, die sich im Rückspiegel schminken, die sich mit Essen bekleckern oder die ungeniert in der Nase bohren? Vielleicht haben Sie einiges davon auch schon selber gemacht. Wie ungezwungen Sie sich auch immer in Ihrem Auto fühlen, bedenken Sie immer, dass man nicht nur aus dem Auto hinaus, sondern auch hinein schauen kann.

Von einem peinlichen Erlebnis berichtet Christine W. aus München. Zusammen mit ihrem Freund will sie zu einem Weihnachtskonzert. Da sie sich aber in der Zeit vertan haben, sind sie viel zu früh dran. Die Halle hat noch gar nicht geöffnet und draußen ist es bitterkalt. Also bleiben sie im Auto auf dem noch verwaisten Parkplatz. Zum Vorglühen trinken sie einen Piccolo und dann noch einen. Sie beginnen zu schmusen und kommen immer mehr in Stimmung.

Auf die Umgebung achten sie nicht mehr. Zumindest so lange, bis das traute Zusammensein durch heftiges Klopfen an die Scheibe gestört wird. Die beiden schrecken hoch und sehen einen Polizeibeamten, der erneut an die Scheibe klopft. Mit hochrotem Kopf versucht Christine W. ihre Wäsche in Ordnung zu bringen, bevor die beiden aussteigen. Aber da sind nicht nur die beiden Beamten, da ist eine johlende Menschenmenge und zwischendrin sind da auch einige entrüstete Herrschaften. Der Parkplatz hat sich nämlich inzwischen gefüllt, was die beiden gar nicht mitbekommen haben, und anscheinend störten die zwei Turteltäubchen irgendjemanden so sehr, dass er die Polizei gerufen hat.

Jetzt heißt es Führerschein und Personalausweis vorzeigen. Ob sie getrunken hätten, fragt der Beamte. Na ja, zwei Piccolos. Und warum die ganze Zeit der Motor an sei? »Wegen der Klimaanlage«, sagt Christines Freund schüchtern. Der Polizist schüttelt bloß den Kopf und belässt es bei einer Verwarnung wegen unnötigen Laufenlassens des Motors und verzichtet auf das öffentliche Ärgernis. Als die beiden peinlich berührt in Richtung Eingang laufen, werden sie mit großem Hallo von einigen Schaulustigen begleitet.

Platz 7: Lasterhaft unterwegs im Laster

Für viele Fernfahrer ist ihr Laster zugleich ihr Zuhause. Sie essen im Auto, sie schlafen im Auto, kurz gesagt: Sie wohnen in ihrem Lastwagen. Kein Wunder, dass sie sich dort auch so benehmen, als ob sie zu Hause wären. Sie können sich vorstellen, wie langweilig es sein kann,

Hunderte von Kilometern immer geradeaus zu fahren. Da ist es gut, für Abwechslung zu sorgen.

Wenn jemand schon alles andere, was Sie und ich in unserer Wohnung tun, in seinem Lastwagen macht, warum soll er dann nicht auch sein Sexualleben dorthin verlegen? Und da ein Brummifahrer nur sich selbst zur Gesellschaft hat, wird er auch in diesem Fall hin und wieder Hand anlegen. Dagegen wäre nichts einzuwenden, doch dass so mancher Fahrer seinen Lkw nicht mal zum Onanieren anhält, geht denn doch zu weit. Sicher haben Sie auch schon Lastwagenfahrer während der Fahrt Zeitung lesen sehen. Aber es kann viel schlimmer kommen, denn immer wieder kommt es zu Unfällen infolge autoerotischer Ablenkung.

Ein zwar glimpflicher, aber andererseits bestürzender Fall ereignete sich 2009 in Schweden. Damals steuerte ein deutscher Brummifahrer seinen 40-Tonner in die Leitplanke, weil er während der Fahrt onaniert und zu wenig auf die Straße geachtet hatte. So richtig befriedigend kann das wohl nicht gewesen sein, denn als die Polizei ihn zur Untersuchung ins nächstgelegene Krankenhaus bringt, versucht er dort die Schwestern zu begrapschen. Selbst eine anschließende Befragung durch die Beamten bringt ihn nicht zur Räson, denn während des Verhörs beginnt er erneut zu onanieren.

Da er auch noch unter Drogeneinfluss stand, endete für ihn die Fahrt nach Skandinavien hinter schwedischen Gardinen. Hoffentlich hat er seine Lektion gelernt.

Platz 6: Romeo und Julia in der Garage

Es gibt viele Möglichkeiten, wie Romeo und Julia aus Liebe zu sterben. Und manche sind nicht freiwillig, auch wenn Liebe der Grund gewesen sein mag.

Wir wissen nichts über die genauen Umstände, die zum Tod von Evelyn C. und George S. in einer Kleinstadt des amerikanischen Mittelwestens führten. Die beiden werden morgens in der Garage gefunden, eng umschlungen im Auto von George S. Für Selbstmord gibt es keine Anzeichen. Am wahrscheinlichsten ist folgendes Szenario:

Evelyn und George möchten die Nacht miteinander verbringen. Da beide noch bei ihren Eltern wohnen und diese konservativ sind, was voreheliche Sex angeht, bleiben die zwei im Auto. Da es draußen ziemlich kalt ist, lassen sie den Motor laufen, um die Heizung in Betrieb zu halten. Da sie aber das Garagentor geschlossen haben, um nicht entdeckt zu werden, füllt der Raum sich langsam, aber sicher mit Kohlenmonoxid. Die beiden sind vermutlich zu sehr mit sich selbst beschäftigt, um es rechtzeitig zu bemerken.

Und irgendwann werden sie ohnmächtig.

Platz 5: Augen auf am Baggersee!

Nahe einer süddeutschen Kleinstadt liegt unterhalb eines Hügels ein lang gestreckter Baggersee, an dessen Ufer sich ein FKK-Gelände etabliert hat. Auf dem Hügel führt ein schmaler Weg entlang, der offiziell für den Straßenverkehr gesperrt ist, an dem aber trotzdem immer wieder Autos parken.

Von da oben hat man einen guten Ausblick über den See. Das ist vermutlich der Grund, warum Albert G. dort an einem heißen Sonntagnachmittag in offensichtlich voyeuristischer Absicht im Schritttempo entlangfährt. So weit ist das noch belanglos.

Der Anblick der vielen nackten Körper lenkt Albert G. jedoch so sehr ab, dass er gar nicht mehr nach vorne schaut, bis er in ein parkendes Auto kracht. Mehrere Badegäste, darunter die Besitzer des angefahrenen Wagens, haben das Geräusch gehört und klettern den Hügel hinauf – die meisten nackt, wie sie sind.

Erstaunlicherweise macht der Fahrer keine Anstalten auszusteigen, und als die ersten die Unfallstelle erreichen, sehen sie auch, warum. Der Kerl sitzt ohne Hosen im Auto und versucht verzweifelt, selbige wieder anzuziehen. Was ihm wegen der Enge des Autos und seiner Aufregung nicht gelingt. Gleichzeitig versucht er mit der anderen Hand eine Weitwinkelkamera zu verstecken. Unter lautem Gejohle und »Spanner! Spanner!«-Rufen wird das Auto von Nackten eingekreist.

Eigentlich sollte man meinen, Albert G. könnte jetzt glücklich sein, hat er doch mehr Anschauungsmaterial, als er sich erträumt hat. Aber stattdessen ist er erleichtert, als die Polizei endlich eintrifft.

Platz 4: Schnell weg damit

Es ist schon erstaunlich, was für Geschichten man in Schülerforen finden kann. Noch erstaunlicher finden wir allerdings, dass die Leute ihre Peinlichkeiten nicht mehr verschweigen, sondern sie aller Welt mitteilen wollen. Aber umso besser für uns.

Dany und Lissi sind jung, frisch verliebt und ganz verrückt nacheinander. Da beide noch zu Hause wohnen, ergreifen sie jede Gelegenheit, in der sie ungestört sind, beim Schopf, wie kurz diese auch sein mag.

An diesem Samstag hat Lissis Mutter sich bereit erklärt, die beiden zu einem Wochenendlager ihres Sportvereins zu fahren. Die Mutter hat noch etwas zu erledigen, und Dany und Lissi verstauen das Gepäck schon mal im Auto, das in der Garage steht. Bei Lissis Mutter kann es etwas dauern, das wissen sie schon. Die Garage ist gegen Blicke geschützt, die Aussicht auf das Zeltlager und die gegenseitige Nähe lassen die Gelegenheit unwiderstehlich werden.

»Hast du Kondome dabei?«, fragt Lissi. Natürlich hat er. Sie schließen die Autotüren, öffnen die Hosen und Lissi setzt sich auf dem Beifahrersitz auf Danys Schoß. Die Haustür hat sie so im Auge, und die Gefahr, entdeckt zu werden, regt beide zusätzlich an.

Dann geht es ziemlich schnell. »Sie kommt«, ruft Lissi. Und Dany auch. Das heißt, er ruft es nicht, er kommt auch. Lissi zieht rasch ihre Hose hoch und Dany den Reißverschluss. Aber wohin mit dem gefüllten Kondom?

Rauswerfen geht nicht. In die Hosentasche stecken auch nicht. Das ist ihm zu eklig. Aufessen? Dany ist gut erzogen und steckt das Kondom in den Aschenbecher. Bei einem Halt will er es beiläufig in die Büsche werfen. Im Auto seiner Familie wird der Aschenbecher so gut wie nie benutzt. Wer raucht auch heutzutage noch?

Nun, Lissis Mutter zum Beispiel. Sie kommt doch tatsächlich mit einer angezündeten Zigarette im Mund. Da sie schon spät dran sind, startet sie auch gleich den Motor und lenkt den Wagen aus der Garage auf die Straße. Das Fenster geöffnet, bläst sie den Rauch nach draußen, und Dany hofft inständig, sie würde auch die fertig gerauchte Kippe einfach rauswerfen. Doch Lissis Mutter ist zwar nicht so korrekt, das Rauchen aufzugeben, aber immerhin politisch korrekt genug, um nicht einfach eine Kippe in die Natur zu schmeißen. Dazu gibt es schließlich Aschenbecher.

Ohne hinzusehen, zieht sie den Aschenbecher auf und presst die Kippe mit der Glut voran hinein. Dany lässt den Aschenbecher nicht mehr aus den Augen. Bestimmt ist die Kippe schon aus. Er hofft vergeblich. Es bleibt immer ein Rest von Glut, und ein Kondom ist aus Gummi, wie der Volksmund weiß.

Es dauert nicht lange, bis ein übel stinkender dünner Qualm aus dem Aschenbecher dringt. Lissis Mutter fährt rechts ran und schimpft noch: »Hat da wieder einer seinen Kaugummi reingesteckt?«

Der Rest ist peinliches Schweigen.

Platz 3: Wer hat den Schlüssel?

Was würden Sie denken, wenn Ihnen auf einem Parkplatz ein fast nacktes Pärchen entgegenkäme, die Köpfe feuerrot und Gänsehaut am ganzen Körper? Wurden sie überfallen? Wollen die mich überfallen? Wo ist die versteckte Kamera?

Solche Gedanken gehen dem Kundendiensttechniker Rolf P. durch den Kopf, als er im ländlichen Oberfranken auf einen kleinen Parkplatz am Beginn eines Wanderweges rollt, um Brotzeit zu machen und sich die Beine zu vertreten.

Der junge Mann und das Mädchen können kaum älter als zwanzig sein. Das Mädchen trägt als einzige Bekleidung High Heels, mit denen sie unsicher über den Kies stolpert, und ein viel zu großes weißes Hemd, das offensichtlich eigentlich ihrem Begleiter gehört. Der Mann trägt nur Socken und hält die eine Hand vor sein Gemächt, mit der anderen hilft er seiner Freundin, damit sie nicht stolpert.

Gefährlich sehen die beiden nicht aus, und eine Kamera ist auch nirgends zu entdecken. Also glaubt Rolf P., er hätte die Opfer eines Verbrechens vor sich. Schnell steigt er aus und bietet an, die Polizei zu rufen. Davon wollen die beiden aber nichts wissen. Bloß nicht die Polizei, um Gottes willen. Stattdessen fragen sie Rolf P., ob er ihnen einen Draht leihen könne oder ob er wisse, wie man ein Auto aufbricht. Jetzt will der Techniker trotzdem die Polizei anrufen, doch als die zwei Unglücksvögel ihm ihre Geschichte erzählen, kann er nicht ernst bleiben:

Manni W. und Steffi K. sind in der vergangenen Nacht auf dem Heimweg von einer Feier. Da beide in angeregter Stimmung sind, wollen sie den Abend mit einem kleinen Liebesspiel ausklingen lassen. Manni fährt auf den kleinen abgelegenen Parkplatz. Sie ziehen sich aus, und da es eine laue Sommernacht ist, wollen sie sich draußen weiterlieben. Alles hat den Reiz des Ungewohnten, und es wird ein aufregender Quickie an einem Baum. Als der erotische Rausch abgeklungen ist, merken sie, dass es doch allmählich kühl wird, und wollen zurück ins Auto. Aber die Türen sind zu und der Schlüssel liegt drinnen. Den hatte Manni zwar abgezogen, aber dann auf die Ablage gelegt. Logisch, ohne Hosen hat er ja auch keine Taschen. Nur dass beide im Eifer des Gefechts gewohnheitsmäßig die Autotüren zugeschlagen haben. Mist! Mit Zentralverriegelung wäre das nicht passiert, aber Manni hängt so an der alten Kiste.

Die nächsten Stunden verbringen die zwei frierend und eng aneinandergekuschelt. Sie versuchen vergeblich, irgendwie ins Auto zu kommen. Vor dem ersten Parkplatzbesucher haben sie sich noch versteckt, aber jetzt wollen sie nur noch nach Hause. Frieren ist schlimmer als Schämen.

Ein Blick in den uralten Kleinwagen, wo allerlei Wäsche auf den Sitzen liegt, zeigt Rolf P., dass die beiden die Wahrheit sagen. Zu ihrem Glück hat Rolf P. sein Werkzeug dabei und kann ihnen tatsächlich helfen.

Platz 2: Die Bandscheibe als Bremsscheibe

Sex im Auto ist ein unerschöpfliches Thema. Gott sei Dank bleibt es, wenn etwas schiefgeht, meist bei Peinlichkeiten oder Blechschäden, und es entstehen nicht gleich schwere Unfälle. Für die Beteiligten jedoch ist die Geschichte oft schmerzhaft genug. Davon kann ein Pärchen aus London ein Lied singen.

Am Rande des Regent Parks gehen die beiden ihrem Liebesspiel im Auto nach, da die Temperaturen ziemlich frostig sind. Es handelt sich um einen Kleinwagen, in dem es zwar kuschelig, aber auch unbequem ist. Die beiden sind halb entkleidet und fühlen sich völlig unbeobachtet, als der Mann plötzlich einen heftigen Schmerz im Rücken verspürt. Er kann sich nicht mehr bewegen und fürchtet das Schlimmste. Da er mit seiner Freundin sehr eng verschlungen ist, kann auch sie den Wagen nicht verlassen. Der Mann bittet sie nur wimmernd darum, sich ja nicht zu bewegen, da er beim kleinsten Ruck glaubt, entzweigerissen zu werden.

Normalerweise sucht man sich für erotische Spiele verborgene Plätze, und darin waren die beiden auch sehr erfolgreich. Es ist nämlich weit und breit kein Mensch zu sehen. Doch jetzt könnten sie Hilfe sehr gut gebrauchen.

Sie können sich die Szene sicher ausmalen. »Tu doch was«, sagt er. »Versuch ich doch«, sagt sie. »Nicht bewegen!«, schreit er. »Wie soll ich dann helfen«, schimpft sie. Ja, es gibt Situationen, die die Liebe auf eine harte Probe stellen.

Der einzige Körperteil, den die Frau einigermaßen frei bewegen kann, ist ihr rechter Fuß. Mit dem kann sie die Hupe erreichen, und sie hupt bis zum Zehenkrampf.

Jetzt kommen auch Fußgänger herbei, denen zunächst der Ernst der Lage entgeht. Sie finden die Situation nämlich außerordentlich komisch. Kann man es ihnen verdenken?

Aber auf die Bitten des Pärchens wird endlich der Rettungsdienst herbeigerufen. Doch die beiden sind so ineinander verkeilt, dass man sie nicht einfach aus dem Auto herausholen kann. Mit Rückenverletzungen ist nicht zu spaßen und deshalb muss auch noch die Feuerwehr kommen, um die Unglücklichen mit Bergungsgerät aus ihrer Lage zu befreien. Leider muss dazu das Auto teilweise aufgeschnitten werden.

Da dies seine Zeit dauert, müssen die beiden nackten Unglücksvögel auch noch eine Unterkühlung fürchten. Gott sei Dank haben die Sanitäter wenigstens heißen Tee dabei.

Als die Frau sich endlich im Freien strecken kann, sagt sie angeblich: »Wie soll ich meinem Mann bloß das kaputte Auto erklären?« Ja, wenn man denkt, es könnte nicht mehr schlimmer kommen, dann kommt es schlimmer.

Bei dem verhinderten Liebhaber wird im Krankenhaus übrigens ein Bandscheibenvorfall diagnostiziert. Er darf gleich dort bleiben.

Platz 1: Slow Love and Fast Food

Hand aufs Herz, wer hatte noch nie Sex im Auto? Doch auch dann sollten Sie immer die Straßenverkehrsordnung beachten. Und dazu gehört auch, dass ein parkendes Auto gesichert sein muss.

Diese Erkenntnis kam einem jungen Pärchen, das einen dunklen Parkplatz für einen Quickie nutzen wollte. Sie hatten ihren Wagen ganz hinten abgestellt, aber nicht beachtet, dass das Gelände leicht abschüssig war. Im Eifer des Verlangens hatten sie nicht darauf geachtet, die Handbremse anzuziehen. Der eingelegte Gang sollte ausreichen, dem Auto Halt zu geben. Das tat er auch – am Anfang.

Es gibt weniges auf der Welt, das eines Menschen Aufmerksamkeit so sehr in Anspruch nimmt, wie leidenschaftliches Liebesspiel. So war es auch in dieser Nacht. Durch irgendeine unbedachte Bewegung wurde der Schaltknüppel in die Leerlaufstellung gebracht. Durch die heftigen Bewegungen der beiden wurde nun das Auto in Bewegung gesetzt, und zuerst langsam, dann zunehmend schneller rollte es den Parkplatz hinunter.

Glücklicherweise – oder sollte man besser sagen unglücklicherweise? – stieß das Auto nicht gegen einen parkenden Wagen, sondern rollte kerzengerade auf die Glasfassade eines Fast-Food-Restaurants zu. Das Pärchen merkte nichts von seiner kurzen Fahrt, sondern schreckte erst auf, als der Wagen in die Scheibe krachte.

Jetzt fanden sie sich umringt von etlichen Zuschauern, die nach Überwindung des anfänglichen Schreckens laut lachend durch die Scheiben starrten und dazu ihre geretteten Burger vertilgten.

Zu all dem Spott bekam das Pärchen am Ende noch eine saftige Rechnung für die zerstörte Fassade präsentiert, zusätzlich zum Schaden an ihrem eigenen Auto.

5. Kapitel:
Fesselnde Geschichten – für alle,
die es etwas härter mögen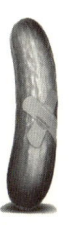

Manche haben es gerne etwas härter. Nein, wir meinen jetzt nicht den bewussten Körperteil. Dass viele Männer aber wirklich nur an das eine denken können, ist schon erstaunlich. Wir sprechen hier von Frauen und Männern, die etwas ausgefallenere Wünsche und Vorlieben haben als den landläufigen Blümchensex. Ja, man muss so etwas mögen. Aber darum geht es hier nicht. Schließlich darf jeder nach seiner Fasson glücklich werden.

Man sollte nur eines bedenken: Je ausgefallener und gefährlicher das Spielzeug ist, mit dem man sein Liebesleben aufpeppen will, desto verheerender können auch die Pannen sein, die passieren können. Und selbst wenn es ungefährlich bleibt, so möchte vielleicht nicht jeder, dass Nachbarn oder Kollegen mitbekommen, womit er oder sie sich vergnügt. Die Peinlichkeit steigt, je ausgefallener die Praktiken sind.

Und nicht selten geraten die Leidtragenden in Situationen, in denen sie professionelle Hilfe in Anspruch nehmen müssen, sei es die eines Arztes, eines Handwerkers oder gleich die der Feuerwehr oder eines Polizei-Einsatzkommandos. All dies hat oft zur Folge, dass Peinlichkeiten eben nicht im kleinen Kreis bleiben, denn je mehr Mitwisser eine Geschichte hat, desto größer ist natürlich die Wahrscheinlichkeit, dass sie früher oder später in die Öffentlichkeit gelangt. Wer den Schaden hat, braucht für den Spott nicht zu sorgen. Besonders peinlich ist so etwas, wenn der Betroffene prominent oder selber ein Mitglied der Polizei ist. Denn auch von einem solchen Fall werden wir Ihnen berichten.

Zur Beruhigung können wir Ihnen vorab aber versichern, dass es in diesem Kapitel zwar stellenweise martialisch zugeht und dass es auch mancherlei Verletzte, aber keine Toten geben wird.

Und wie so oft gilt auch hier die Grundregel: Merke dir immer genau, wo du den Schlüssel hingelegt hast.

Platz 10: Fesselspiele ohne Versicherung

Handschellen können Sie heute in jedem gut sortierten Erotikshop kaufen, was darauf hindeutet, dass Fesselspiele durchaus eine gewisse Verbreitung haben. Sie sollten sich nur immer bewusst sein, dass eine Handschelle, einmal geschlossen, ohne zugehörigen Schlüssel nicht mehr ohne Weiteres zu öffnen ist.

Diese Erfahrung macht auch ein Pärchen aus dem oberbayerischen Ingolstadt. Sie heizen ihr Liebesspiel dadurch an, dass die Frau mit Handschellen am Bettrahmen festgekettet wird.

Man kann ihnen nur wünschen, dass sie dabei wenigstens ihren Spaß hatten. Denn als der Rausch des Begehrens sich legt und die beiden wieder in den nüchternen Alltag zurückkehren wollen, ist plötzlich der Schlüssel nicht mehr da. Oder vielleicht bemerken sie erst jetzt, dass da von Anfang an kein Schlüssel gewesen ist?

Sie können sich sicher vorstellen, wie so etwas weitergeht. Der Mann holt seinen Werkzeugkoffer und versichert, dass er das Problem gleich gelöst haben wird. Das wäre ja gelacht. Der Frau wird unterdessen immer mehr bewusst, dass es nicht zu den bequemsten Lagen im Leben gehört, ans Bett gefesselt zu sein. Im wilden Sinnenrausch bewertet man dies ja mitunter anders.

Während der Mann mit verschiedenen Schraubendrehern und Zangen und dann mit einer Metallsäge versucht, die Handschellen auf irgendeine Weise aufzubekommen, wird die Frau immer ungehaltener. Aber wenn es so einfach wäre, Handschellen zu öffnen, hätte die Polizei sich längst etwas anderes einfallen lassen.

Man kann sich das sehr gut ausmalen: »Wird das heute noch was?«, fragt sie. »Jetzt mach mich nicht nervös!«, schimpft er und rutscht schon wieder mit dem Schraubendreher ab. »Du und Technik!«, schimpft sie zurück. »Und außerdem muss ich aufs Klo!«

Schließlich wissen sie sich nicht anders zu helfen, als die Feuerwehr um Hilfe zu bitten. Da der Vorfall dem Mann sehr peinlich ist, drückt er sich am Telefon etwas unklar aus, weshalb die Feuerwehr nicht nur mit Blaulicht und Sirene anrückt, sondern auch noch in Begleitung eines Streifenwagens.

Es klärt sich zwar sehr schnell auf, dass hier kein Verbrechen vorliegt, und die Feuerwehrleute können die Frau tatsächlich in Sekundenfrist von ihren Handschellen befreien. Doch hat die Nachbarschaft den ganzen Trubel natürlich mitbekommen.

Ob die beiden ihr Spielchen später noch mal wiederholten, darüber ist nichts bekannt.

Platz 9: Die behalt ich gleich an

Sexspielchen mit Handschellen sind eine so dankbare Quelle für Peinlichkeiten, dass wir gleich noch eine Geschichte nachlegen. Und auch hier gilt: Hat es erst einmal Klick gemacht, ist es zu spät.

In Bielefeld erscheint eines Nachts ein Pärchen auf der Polizeiwache, das sich mit Handschellen aneinander gefesselt hat. Die unkonventionelle Art ihrer Bekleidung lässt darauf schließen, dass sie zum Zeitpunkt, als die Schellen angelegt wurden, vermutlich nackt oder spärlich bekleidet waren. Die beiden reden auch gar nicht um den heißen Brei herum, sondern geben freimütig zu, dass ihnen das Missgeschick bei einem erotischen Rollenspiel passiert sei. Der Schlüssel sei leider unauffindbar. Dumm gelaufen. Deshalb seien sie jetzt hier. Es heiße doch immer: Die Polizei, dein Freund und Helfer.

So weit, so gut. Die Beamten können tatsächlich helfen. Oder richtiger gesagt: Sie *könnten* helfen. Aber leider hat der Mann, der sich als Peter P. ausgibt, nicht mit den Fahndungstechniken des 21. Jahrhunderts gerechnet. Da einer der Polizeibeamten auf der Wache misstrauisch geworden ist, führt eine kurze Überprüfung der Personalien zu dem Ergebnis, dass Peter P. in Wirklichkeit Robert F. heißt und nach ihm gefahndet wird.

Zweckmäßigerweise darf er die Handschellen gleich anbehalten. Die Frau dagegen wird befreit und muss alleine nach Hause gehen, da gegen sie nichts vorliegt.

Ob auch das neue Handschellenspiel auf der Polizeiwache für Robert F. mit einem Lustgewinn verbunden war, darf bezweifelt werden. Aber man weiß ja nie.

Platz 8: Über Bande gespielt

Wo etwas rauskommt, kann man auch etwas reinstecken. So dachten wahrscheinlich auch Peter S. und Stefan B., als sie beim Liebesspiel etwas Neues ausprobieren wollten. Etwas, das nichts für Weicheier ist.

Um seinen Freund zu stimulieren, schiebt Peter S. ihm eine Billardkugel in den Anus, und damit sie so richtig gut reinflutscht, benutzt er jede Menge Gleitmittel. Das funktioniert auch wunderbar und erfüllt vielleicht sogar seinen Zweck.

Doch das interessiert die beiden bald nicht mehr. Die Kugel lässt sich nämlich nicht mehr entfernen. Im Gegenteil: Sie lässt sich nicht greifen, und mit jedem Versuch, ihrer habhaft zu werden, dringt sie nur immer tiefer in den Darm ein. Sollen sie warten, bis der Körper sich des hartnäckigen Gastes auf natürlichem Wege entledigt? Aber wer weiß, ob das wirklich funktioniert.

So bleibt letztlich nur der Weg ins Krankenhaus, wo der Fremdkörper ohne Komplikationen entfernt werden kann.

Falls es jemanden interessiert: Es war die weiße Kugel.

Platz 7: Wer den Schaden hat ...

In Hamburg kursierte eine Weile die Geschichte von der »falschen Domina«. Dabei handelte es sich um eine äußerst attraktive Frau, die sich in einschlägigen Bars des Hamburger Vergnügungsviertels St. Pauli an augenscheinlich wohlhabende Besucher heranmachte. Meistens handelte es sich um Geschäftsreisende oder Strohwitwer. Dass sie sich bevorzugt Männer mit fortgeschrittenem Alkoholpegel aussuchte, bedarf wohl keiner ausdrücklichen Erwähnung.

Die Dame zeigte sich willig und versprach erotische Extravaganzen der Sonderklasse. Je stärker der Alkohol den Verstand trübt, desto stärker übernimmt eine andere Körperpartie die Steuerung. Jedenfalls gab es angeblich Männer genug, die sich ein kleines Abenteuer nicht entgehen lassen wollten und mit der Frau zusammen die Bar verließen.

Die Frau kam mit zu ihnen nach Hause oder ins Hotel. Wahrscheinlich wiegte dieser Umstand die Männer zusätzlich in Sicherheit. Dort verhieß sie die außergewöhnlichsten Freuden und brachte die Männer dazu, sich mit Handschellen ans Bett fesseln zu lassen.

Die speziellen Freuden blieben jedoch sehr einseitig, da die Frau sich wieder ankleidete und in aller Seelenruhe Bargeld, Smartphone und Wertsachen einsammelte. Den geprellten Freier ließ sie angekettet zurück.

Am tollsten trieb sie es bei einem wohlhabenden Hamburger, der die Pseudo-Domina mit in sein Haus nahm, weil seine Frau für ein paar Tage verreist war. Sie beschränkte sich nämlich nicht darauf, die üblichen Kleinteile in ihrer Handtasche verschwinden zu lassen, sondern telefonierte mit einem Kumpan. Kurze Zeit später stand ein Kleinlaster vor der Tür, und vom Flachbildschirm über antike Möbel bis zu Bildern wurde alles, was nach Wert aussah, aus der Wohnung getragen. Dass nur das Bett mit dem angeketteten Besitzer zurückblieb, wie in der Presse zu lesen war, ist aber sicher eine Übertreibung.

Obwohl die Geschichte schon längere Zeit kursiert, tappen immer wieder neue Opfer in die Falle. Bei der Polizei sind aber keine einschlägigen Anzeigen eingegangen. Es steht zu vermuten, dass die Opfer entweder aus Scham über die eigene Dämlichkeit einfach schweigen oder einen gewöhnlichen Diebstahl vortäuschen.

Sollten Sie selber eines Abends in einer Bar sitzen, hüten Sie sich bitte vor einschlägigen Angeboten.

Platz 6: Im Keuschheitsgürtel gefangen

Sie wissen sicher, was ein Keuschheitsgürtel ist. Ja, das sind die Vorrichtungen, die die Ritter im Mittelalter ihren Frauen anlegten, wenn sie ihren Treueschwüren nicht glaubten. Wie weit verbreitet diese Geräte in der Praxis wirklich waren, das wird man wohl nie erfahren. Allein die Vorstellung hat etwas Unheimliches.

Doch Keuschheitsgürtel wurden nicht nur im Mittelalter genutzt, sondern sind auch heute noch, im Hier und Jetzt, verbreitet. Und die meisten dieser Geräte werden sogar von Männern getragen. Was immer im Einzelfall die Gründe sein mögen, ob eine masochistische Veranlagung, ein Spiel, um die Lust zu steigern, oder religiöse Gründe, das braucht uns hier nicht zu interessieren.

Herbert N. ist ein solcher Gürtelträger. Als er zu einem mehrtägigen Geschäftstermin fliegen soll, besteht seine Frau, die zugleich seine Schlüsselherrin ist, ohne Wenn und Aber darauf, dass er verschlossen bleibt. Dies geschieht nicht zum ersten Mal, doch Herbert N. hat nicht bedacht, dass er gegenüber seiner letzten Geschäftsreise ein ganz neues Modell trägt, eines mit deutlich mehr Metall als Plastik.

Beim Passieren der Sicherheitsschleuse piept es und dem Armen schwant bereits, was der Grund sein könnte. Er hofft noch auf eine andere Ursache und legt Füllhalter, Armbanduhr und Gürtelschnalle auf das Band. Wenig überraschend piept es weiterhin. Er versucht sich mit einem Nagel im Bein herauszureden, doch damit macht er das Sicherheitspersonal nur noch misstrauischer. Schließlich bleibt ihm nichts anderes übrig, als darum zu bitten, den Grund in einem geschützten Bereich offenlegen zu dürfen. Die Security-Leute geleiten ihn zu zweit hinter einen Vorhang und kommen kurz darauf grinsend wieder hervor. Der Mann darf mit rotem Kopf ohne Probleme weitergehen.

Nur sein Kollege, der mit ihm zum selben Meeting fliegt, will unbedingt wissen, was denn los sei. Und bevor der Arme sich noch eine Ausrede zurechtlegen kann, hört er hinter sich eine Frau an der Sicherheitsschleuse laut und ungläubig rufen: »Einen Keuschheitsgürtel, echt?« Bevor sie in lautes Lachen ausbricht.

Platz 5: Der Stahlkäfig

Das Domina-Studio von Ruth S. hat einen guten Ruf in der einschlägigen Szene. Unter ihren vielen Einrichtungsgegenständen findet sich neben einem Prügelbock und einer Streckbank auch ein stabiler Stahlkäfig von etwa anderthalb Metern Kantenlänge. Es ist dieser Käfig, der es dem Versicherungskaufmann Stefan M. angetan hat. Nur mit einem Hundehalsband und einer Gesichtsmaske bekleidet, genießt er es, stundenlang wie ein Hund im Käfig auf Händen und Knien ausharren zu müssen und dazu mit einer Peitsche durch die Gitterstäbe hindurch geschlagen zu werden. Wenn er seine Befriedigung erlangt hat, darf er den Käfig wieder verlassen und gehen.

So ist es auch an jenem Nachmittag geplant, den er nie mehr vergessen wird. Ruth S. will gerade die Käfigtür aufsperren, doch der Schlüssel klemmt und beim Versuch, ihn etwas kräftiger zu drehen, bricht er ab. Zuerst glauben Domina und Gast, das ließe sich leicht beheben. Dem ist aber nicht so. Ruth S. hat zwar einen Zweitschlüssel, der nützt aber nichts, da der andere feststeckt. Alle Versuche, das Schloss zu sprengen, bleiben erfolglos. Außerdem will die Domina den Käfig nicht beschädigen, er war teuer genug. Stefan M. muss aber irgendwann nach Hause. In seinem Kopfkino hätte die Situation sicher ihren Reiz, aber erstens ist er nicht mehr in Stimmung, und zweitens will er jetzt wirklich nach Hause.

Es bleibt schließlich nichts anderes übrig, als den Schlüsseldienst zu rufen. Der junge Mann mit dem Werkzeugkoffer lacht sich halbtot, als er den nackten Mann mit Hundehalsband im Käfig sieht. Er kann aber schnell für seine Befreiung sorgen.

Stefan M. behält seine Gesichtsmaske auf, bis der Handwerker gegangen ist. Ob er das Käfigspiel jemals wieder gespielt hat, wissen wir nicht.

Platz 4: Lade zu, Affe tot

Nie wird er diesen Anblick vergessen können, berichtet Dr. F. Es ist Samstagnacht, und die Schicht ist bisher vergleichsweise ruhig verlaufen, als ein junger Mann mit der Diagnose Genitalverletzung in die Notaufnahme eingeliefert wird. Er wird begleitet von seinem völlig aufgelösten Freund.

Der Anblick des blaurot verfärbten, riesigen Gebildes, das der Patient zwischen den Beinen trägt, lässt den Arzt das Schlimmste vermuten. Nach der Erstversorgung möchte er wissen, wie diese Verletzung zustande gekommen ist. Es sieht aus, als wäre der Penis regelrecht zerquetscht worden. Der etwa gleichaltrige Begleiter des Patienten will zunächst nichts mitteilen und spricht nur ganz allgemein von einem Unfall. Erst als der Arzt ihm sagt, dass er wegen des Verdachts eines möglichen Verbrechens die Polizei einschalten muss, sind die beiden Männer bereit zu erzählen.

Die beiden Männer, nennen wir sie Thomas und Michael, leben schon über zwei Jahre zusammen. Beide ergänzen sich in ihren sadomasochistischen Neigungen und beide suchen immer neue Varianten des am Ende doch immer Gleichen.

An diesem Abend hat Michael die grandiose Idee, sein Ding in der Tischschublade zu fixieren. Er steckt seinen Penis, der auch im nicht erigierten Zustand eine beachtliche Größe hat, also in die Schublade des Esstisches und schiebt diese so weit zu, dass sein Glied fixiert wird und nicht herausrutschen kann. Dann beugt er sich über die Tischplatte und hält sich mit beiden Händen fest. Robert dringt von hinten in ihn ein, und in der Tat bringt dieser kreative Einsatz eines bisher vernachlässigten Möbelstückes einen ganz speziellen Reiz mit sich. Denn durch die Penetrationsbewegungen erfährt Michaels Penis zwischen Schublade und Tischplatte eine Art Massage. Die ist zwar nicht als sanft zu bezeichnen, aber wir erwähnten bereits, dass die beiden die harte Tour bevorzugen.

Die Bewegungen werden heftiger, und Michaels Penis bekommt schmerzhafte Stöße, die seinen Besitzer aber nur noch mehr erregen. Die Schublade hat ja ein gewisses Spiel. Vielleicht ruft er sogar noch »fester, fester«. Bis ein so starker Stoß kommt, dass die Schublade zugestoßen wird. Selbst der härteste Phallus ist machtlos gegen massives Holz.

Robert braucht einen Moment, um zu erkennen, dass dies keine Lustschreie sind, sondern purer Schmerz. Michaels Penis sieht grauenvoll aus, und Robert tut das einzig Richtige und schleppt den Freund, ohne Hosen, wie er ist, sofort ins Auto und rast zum Krankenhaus.

Ganz ohne Nachwirkungen bleibt die Geschichte nicht, da bei einer Nachuntersuchung ein paar Monate später narbenartige Verhärtungen festgestellt werden. Der Penis zeigt auch einen Knick, ist aber nach Aussage seines Besitzers noch erektionsfähig. Na dann!

Platz 3: Sado und Maso im Badezimmer

Barbara und Nils haben beim Sex eine dieser speziellen Vorlieben: Sie hat's gern, wenn's ein bisschen wehtut, und er erfüllt ihr diesen Wunsch – ein SM-Pärchen halt. Ansonsten sind die beiden aber ganz bieder, Nils ist Bankangestellter, Barbara hütet Haus und Kind sowie den Dackel namens Rüpel. Auch der gemeinsame Urlaub soll beschaulich werden. Man wählt dazu eine schnuckelige Pension in einem oberbayerischen Örtchen, wo man die Seele baumeln lassen kann und die kleine Familie die Landschaft genießt. Sie ahnen noch nicht, dass sie es zu einer Meldung in der Lokalzeitung bringen werden.

Die gesunde oberbayerische Luft bewirkt, dass Barbara und Nils neben dem kulinarisch-leiblichen Wohl noch einen anständigen Appetit aufeinander entwickeln. Dabei stehen nur zwei Probleme im Weg. Das eine heißt Rüpel, der bewusste Dackel. Er bricht in markerschütterndes Jaulen aus, wenn Frauchen und Herrchen ihn allein in der Wohnung lassen. Das andere heißt Kai-Uwe und ist der achtjährige Sprössling. Zu Hause in Castrop-Rauxel ist im Haus Platz genug, wenn das Pärchen mal für sich sein möchte, aber das Zimmer in der Pension ist klein, viel zu klein für die unschuldigen Augen und Ohren des Jungen.

Aber da bleibt die oberbayerische Landluft, und die fordert ihren Tribut. Sagen wir es klar und deutlich: Nach ein paar Tagen sind die beiden spitz wie Lumpi. Es ist Mittag, Kai-Uwe und Rüpel halten gerade ein Schläfchen. Die Gelegenheit ist günstig, um den sprießenden Hormonen nachzugeben. Barbara deutet aufs Badezimmer. Das ist zwar winzig, aber abgeschirmt von Kai-Uwes Blicken, sollte der aufwachen.

Jetzt keine Zeit verlieren! Barbara schlüpft geschwind in etwas Lack und Leder, Nils setzt sein grimmiges »Du warst ein böses, böses Mädchen!«-Gesicht auf, ergreift eine Peitsche und zieht Barbara ins Bad. Tür zu – Schlüssel umdrehen – endlich Ruhe! Unser Pärchen entschließt sich zu einem Quickie, gemessen an seinen Maßstäben. SM-Spielchen dauern ja sonst eher lang. Als Nils danach die Tür wieder aufschließen will, bricht der Schlüssel ab.

Er entscheidet sich für einen geistreichen Kommentar: »Der Schlüssel ist abgebrochen.« Barbara: »Wie hast du das denn gemacht?« Nils (entrüstet): »Ich hab gar nichts gemacht! Das Scheißding ist einfach abgebrochen.« Stille. »Und was machen wir jetzt?« Nils will die Tür eintreten. Barbara hält ihn ab: »Das wird doch viel zu teuer.« Sie klopft: »Kai-Uwe? Kai-Uwelein? Wachst du mal auf?«

Es dauert ein bisschen, dann ist Kai-Uwelein vor der Tür zu hören. »Spätzelein! Die Mama und der Papa haben sich hier eingeschlossen … ja! Eingeschlossen! Kannst du mal – nein! Jetzt nicht Nintendo spielen! Gehst du mal zur Wirtin und sagst ihr, dass die Mama und der Papa hier Hilfe brauchen?!«

Kai-Uwe erkennt die Gunst der Lage und lässt sich erst mal ein Eis versprechen, zieht dann aber los und verständigt die Wirtin, die nun wiederum den Schlüsseldienst ruft, der nun wiederum die Tür aufstemmt. Als sie aufgeht, entfährt der Wirtin nur ein: »Ja, was is denn des jetzt wieda für a Schweinkram?« Sie fordert das Pärchen christlich-sozial auf, schleunigst seine Sachen zu packen und zu verschwinden, Kai-Uwe fragt verstört: »Mama, was trägst du denn für komische Sachen?«, und der Mann vom Schlüsseldienst prustet vor Lachen.

Na ja – der Junge hat's überlebt, der Schlüsseldienst hatte seinen Spaß, die Wirtin bekam eine Badezimmertür ersetzt, die ohnehin schon lange verzogen war, und Barbara und Nils sollen angeblich gute Aussichten bei ihrer Klage gegen den Schlüsselhersteller haben. Nur Rüpel war das eigentlich alles völlig egal.

Platz 2: Die Schlinge zieht sich zu

Als Polizist bekommt man eine Menge Dinge zu sehen, von denen man gar nichts wissen wollte. Etliche davon haben mit der dunklen Seite der menschlichen Sexualität zu tun. Umso peinlicher ist es, wenn man selber zum Objekt der Untersuchung wird. Aber Polizisten sind schließlich auch nur Menschen.

So ergeht es dem hochrangigen Polizeibeamten Harald R. aus Mannheim. Für seine ausgefallenen Wünsche sucht er sich ein Domina-Studio in 250 Kilometern Entfernung nahe Köln, um nicht etwa einem Bekannten über den Weg zu laufen. Ganz besonders erregen ihn Spiele mit Atemreduktion. Die Domina Angela F. kennt ihn als unkomplizierten Gast, der sich am Ende des Spiels sogar selbst befriedigt.

Bis er eines Tages seinen ultimativen Traum verwirklichen und möglichst echt gehenkt werden will. Angela

F. versucht zuerst es ihm auszureden, aber der Kunde ist schließlich König, außerdem ist er bereit, deutlich mehr zu bezahlen als sonst. Aber um seiner Traumfantasie möglichst nahe zu kommen, wünscht er sich noch mehr Publikum. Es soll wenigstens noch eine zweite Frau anwesend sein. Aber das ist leichter gesagt als getan. Deshalb überredet Angela F. ihre erwachsene Tochter zur Teilnahme, worauf diese sich widerwillig einlässt.

Und los geht's. Harald R. stellt sich nackt auf einen Hocker und bekommt stilecht eine Schlinge um den Hals gelegt. Das Ende des Stricks wird an einem Haken in der Decke befestigt.

Leider ist der Hocker für das Gewicht des Mannes nicht stabil genug. Als er plötzlich wegkippt, baumelt Harald R. in der Luft, und die beiden Frauen versuchen ihn festzuhalten, was aber auch keine dauerhafte Lösung ist. Die Tochter schiebt endlich das Bett mit Metallrahmen heran, während die Mutter den Mann mit letzter Kraft stützt. Dann springt die Tochter auf das Bett und kann im letzten Moment den Strick durchschneiden. Harald R. stürzt halb erstickt und würgend zu Boden und stößt dabei Angela F. mit dem Rücken gegen den Bettrahmen.

Der Polizeibeamte erleidet schwere Strangulationsverletzungen, die Domina stürzt so unglücklich, dass sie sich einen Wirbel bricht.

Ob das Erlebnis ausreichte, um Harald R.s Bedürfnis nach Erhängung zu befriedigen, darüber kann nur spekuliert werden.

Platz 1: Der stürzende Batman

Sex findet zum größten Teil im Kopf statt, deshalb spricht man gerne von Kopfkino. Beim Nachspielen von Fantasien aller Art ist aber äußerste Vorsicht geboten. Davon weiß ein Pärchen aus dem italienischen Siena ein Lied zu singen.

Ein 50-jähriger Bankangestellter und seine 26-jährige Freundin suchten den erotischen Reiz in einem Fesselspiel. Die junge Frau ließ sich mit verbundenen Augen nackt an das Bett fesseln, wo sie einem perversen Bösewicht, der allerdings nur in beider Fantasie existierte, hilflos ausgeliefert war. Ihre Rettung sollte in letzter Minute erfolgen, und zu diesem Zweck kletterte der Mann in einem Batman-Kostüm auf den Schrank, um mit einem Sprung seine Freundin zu retten.

Malen Sie sich die Situation ruhig aus. Die Frau, die nichts sehen kann, stellt sich vor, wie der Perversling sie betastet, und sie weiß nicht, wie lange ihre Qual dauern wird, und auch Batman mag sich allerlei vorstellen, während er die nackte gefesselte Frau unter sich bewundert. Die Erregung wuchs sicher ins Unermessliche.

Und dann sprang Batman – nur leider daneben. Er verfehlte das Bett und stürzte so unglücklich, dass er sich dabei den Arm brach und mit dem Kopf so aufschlug, dass er ohnmächtig wurde.

Und die Frau? Sie hörte nur den dumpfen Fall und sonst nichts. Vielleicht glaubte sie zuerst, ihr Freund habe sich etwas einfallen lassen, um die Situation noch prickelnder zu machen. Und da lag sie, nackt, gefesselt und mit verbundenen Augen und wartete. Als nichts geschah, wird sie irgendwann angefangen haben, mit ihrem Freund zu sprechen, ihn zu fragen, ihn anzuschreien. Und als sie endlich begriffen hatte, dass irgendetwas nicht stimmte und dies kein originelles Rollenspiel mehr war, da begann sie laut um Hilfe zu rufen. Endlich wurde sie erhört, und die Feuerwehr brach die Wohnung auf. Alles Weitere sei Ihrer Fantasie überlassen.

Kann man daraus etwas lernen? Wahrscheinlich nicht. Oder zumindest Folgendes: Egal wie abgefahren Ihre Gelüste auch sein mögen, ziehen Sie niemals ein Kostüm an, in dem Sie sich nicht auch vor der örtlichen Feuerwehr sehen lassen würden.

6. Kapitel:
Sex in und mit der Natur – die besten Geschichten von Bäumen und Tieren

Was halten Sie von Sex in der Natur? Eigentlich liegt der Gedanke doch gar nicht so fern. Zum einen ist der Mensch ein Naturwesen. Zum anderen hat die gesamte Paarung damals, im Garten Eden, ihren Anfang auch inmitten von Bäumen und Blumen genommen. So richtig gut ging das natürlich schon damals nicht aus. Aber immerhin hat die Menschheit seither Sex.

Wie auch immer. Das Ganze hat Tradition. Und so vergnügen sich Mann und Frau weiterhin draußen. Das geht meistens gut, kann aber mitunter auch gefährlich werden, wie unsere Geschichte über Susan und James im Baum zeigt. Meistens ist es aber, sofern nicht ohnehin alles ideal läuft, eher unbequem als riskant. Denn draußen lauern allerhand Gefahren in Form von ungebetenen Zuschauern oder Insekten, die wenig Verständnis dafür zeigen, dass ihnen jemand ihr Revier streitig machen will.

Aber mit dem Revier ist das ohnehin so eine Sache. Selbst Hunde- und Katzenbesitzer werden vorsichtig sein, nachdem sie gelesen haben, was eifersüchtige Haustiere so alles anrichten können.

Solange es überhaupt Haustiere sind. Dann ist ja noch alles einigermaßen … nennen wir es einmal »vertraut«.

Begegnungen mit Tieren ganz anderer Art stellen wir Ihnen dagegen auf den ersten drei Plätzen unserer »Rangliste« vor. Dieses Mal halten wir es aber für eine Geste der Fairness, die Zartbesaiteten unter unseren Lesern zu warnen: Die Geschichten, vor allem die letzten, haben einen nicht unerheblichen Grusel- oder eher Ekelfaktor. Wer das nicht mag, sollte sicherheitshalber schon bei Platz vier mit dem Lesen aufhören. Allen anderen wünschen wir viel Spaß, möchten Sie aber vor Nachahmung dringend warnen!

Platz 10: Kindermund

Von einem besonders peinlichen Vorfall berichtet Petra S. aus Würzburg. Sie war mit ihrem Freund auf einem Ausflug im Spessart unterwegs.

Die beiden parken ihr Auto und wandern durch ein Waldgebiet, wo ihnen nur wenige Spaziergänger begegnen. Schließlich verlassen sie den Wanderpfad und bahnen sich einen Weg quer durchs Unterholz. Das Wetter ist warm, sie sind bester Laune, und als sie zu einer moosbedeckten Lichtung gelangen, denken beide das Gleiche. Mit Picknickdecke und Wanderjacken erweitern sie das Mooslager zu einem lauschigen Plätzchen. Außer Vogelgezwitscher ist kein Geräusch zu hören.

Sie beginnen sich zu küssen und ziehen sich langsam

aus. Die freie Natur bringt sie in Wallung, und bald vergessen sie, wo sie sind und geben sich ganz einander hin. Es war wunderschön, erinnert sich Petra S. später. Bis zu dem Augenblick, als sie erschöpft voneinander ablassen.

»Siehst du, jetzt ist er ganz klein«, hören sie eine Mädchenstimme. Erschrocken schauen die beiden auf und sehen am Rand des kleinen Abhangs, der die Lichtung einfasst, drei Kinder sitzen, ein Mädchen und zwei Jungs, alle höchstens zehn Jahre alt. Die Kinder haben den ernsten, aber interessierten Blick von Naturforschern. Wie lange sie dort schon saßen, hat Petra S. nie erfahren. Denn als die Kinder sich entdeckt sehen, stehen sie wortlos auf und verschwinden zwischen den Bäumen.

Petra S. und ihr Freund ziehen sich rasch an und steigen dann doch den kleinen Abhang hinauf. Dort sehen sie, dass von dieser Seite ebenfalls ein Wanderweg in den Wald führt, der sich in etwa fünfzig Metern zu einem Rastplatz mit Klettergerüst und Schaukeln erweitert. Insofern haben die beiden noch Glück gehabt, dass sie nur drei Kinder als Publikum hatten.

Platz 9: Draußen in der Natur, da müsste man mal ...

Das dachte sich einer kurzen Zeitungsnotiz aus der Rubrik »Absurdes« zufolge ein Ehepaar, das der Meinung war, sein Liebesleben könne eine kleine Auffrischung gut gebrauchen. Wir geben den beiden, damit es nicht ganz so unpersönlich bleibt, die Namen Meike und Johann.

Draußen in der Natur also. Das Problem ist nur Meikes unüberwindbarer Ekel vor allem, was krabbelt und kriecht. Damit sind Waldböden und Rasenflächen schon einmal disqualifiziert. Hoch sollte der Ort des Geschehens also liegen. Aber Baumwipfel oder Mauervorsprünge kommen auch nicht infrage, Johann ist nicht schwindelfrei. Und mit zu viel Kletterei darf das Ganze ebenfalls nicht verbunden sein, für Meike fallen schon die vier Treppen bis in ihr Büro unter Hochleistungssport.

Die beiden sind also ratlos. Bis sie eines Tages im Fernsehen eine Sendung über die Jagd sehen. Das ist es! Meike ist sofort überzeugt. Da oben auf dem Jagdstand krabbelt kein Viehzeug, ein schwieriger Aufstieg ist mit so einem Hochsitz auch nicht verbunden, und man kann sich sogar Decken unterlegen.

Die beiden machen sich also auf die Suche nach einem geeigneten Hochsitz. Es verläuft so weit auch alles ganz gut, keine Käfer, keine piksenden Äste, nichts ist klamm und kalt. Welche Art Aufschwung das lahmgelegte Liebesleben der beiden Helden erfahren hat, darüber sagt die Zeitungsnotiz nichts. Wohl aber über das »Erwachen« nach getaner Arbeit. Da hören die beiden nämlich ein lautes Räuspern. Ein ungehaltenes noch dazu.

»Es tut uns ... wir wollten nur mal so am frühen Morgen ... da soll doch jede Menge Wild ...«, murmelt Johann.

»Das hat inzwischen die Flucht ergriffen«, erklärt ihnen ein ausgesprochen verärgerter Förster. »Wissen Sie, Tiere sind da nicht sehr voyeuristisch. Die wollen vor allem ihre Ruhe.«

Platz 8: Licht und Schatten

Sex im Zelt ist was Tolles. Vor allem für die anderen. Die Zeltwände sind hauchdünn, das heißt, man bekommt ohne große Lauschanstrengungen alles Relevante mit, und wenn der Zeltplatz gut besucht ist, sind auch die Abstände zwischen den Zelten nicht allzu groß.

Aber Sex im Zelt geht auch ganz anders. Das dachten sich zumindest Susi und Ralf, die von ihrer Panne bereitwillig in absolut jedem Internetforum erzählen, egal, ob das dort irgendjemanden interessiert oder nicht. Diskret nämlich. Privatsphäre ist immer noch Privatsphäre.

Deshalb krochen die beiden in ihr Zelt, zogen sorgfältig alle Reißverschlüsse zu und erlegten sich für die Dauer ihres Vergnügens sozusagen ein freiwilliges Schweigegelübde auf.

Was sie allerdings nicht bedachten, war der Unterschied zwischen Licht und Dunkel. Sprich: Draußen ist es nachts um elf normalerweise dunkel, drinnen im Zelt, solange man die Lampe brennen lässt, hell. Und das heißt: wunderbarstes Schattenspiel für alle, die genau wissen möchten, was Susi und Ralf so alles in ihrem Zelt treiben.

Um es gleich vorwegzunehmen: Sie haben nicht diskutiert. Susi hat auch nicht gestrickt, und Ralf hat keineswegs die *Sport Bild* gelesen.

Aber sie waren leise.

Umso größer war die Überraschung der beiden, als nach vollendetem Werk lauter Applaus durch die dünne Zeltwand drang.

Und da der Schaden ja nun bereits angerichtet ist, kann man auch ungehemmt davon erzählen. Wer weiß, vielleicht denken die beiden ja inzwischen darüber nach, ihr Schattenspiel künftig gegen Geld zu präsentieren. Davon sei ihnen allerdings dringend abgeraten. Denn Sex in der Öffentlichkeit gilt als »öffentliches Ärgernis«, und das wird juristisch geahndet.

Platz 7: Die Ameisenstraße

Zwar kann Sex in der freien Natur sehr anregend und abwechslungsreich sein, doch sollten Sie immer noch so klar im Kopf sein, dass Sie die Umgebung vorher gründlich prüfen.

Genau das tun Jenny F. und Lars N. leider nicht. Die beiden 17-Jährigen sind seit ein paar Monaten ein Paar, und am heutigen Wandertag haben sie sich von der Klasse abgeseilt, um die Gelegenheit für einen kleinen Quickie zu nutzen. Sie finden rasch eine Stelle, die kaum einsehbar ist, und beginnen, sich auf dem weichen Waldboden zu liebkosen. Sie wälzen sich hin und her, ziehen sich aber nicht völlig aus. Jetzt gibt es nur noch sie beide. Bis Jenny ein Kitzeln auf ihrem Bauch bemerkt. Und als sie darauf achtet, kitzelt es auch an den Beinen und im Nacken. Sie springt kreischend auf, und auch Lars bemerkt es nun: Auf ihrem Körper, im Pulli, in den Hosen, überall krabbeln Ameisen.

Und jetzt sehen die beiden auch, worauf sie vorher nicht geachtet hatten. Der Waldboden wimmelt an dieser Stelle von Ameisen, und hinter den Sträuchern, die einen so guten Sichtschutz abgeben, befindet sich ein kleiner Ameisenberg, in dem die Tiere zu Tausenden verschwinden und herauskrabbeln.

Bis jetzt hat niemand aus der Klasse sie vermisst, geschweige denn gerätselt, was sie wohl treiben könnten. Doch als Jenny und Lars jetzt schimpfend und zappelnd und ihre Wäsche und Haare schüttelnd zwischen den Bäumen auftauchen, hat die Klasse für den Rest des Tages etwas zu lachen und Gesprächsstoff für die ganze Woche.

Platz 6: Das Angeln ist nur mit Ausweis gestattet

Angeln ist im Allgemeinen eine eher ruhige Freizeitbeschäftigung. Mit anderen Worten: Wer angelt, fällt niemandem auf, schon gar nicht durch Reden, Stöhnen oder Schreien. Schon deshalb kann es für den folgenden Vorfall eigentlich nur eine vernünftige Erklärung geben: Schikane.

Der See liegt ruhig da, die Sonne scheint, die Blätter der Bäume rauschen im Wind. Und ein Liebespaar unten im Ufergras tut, wozu das Ambiente gerade einlädt. Nein, sie tun es in diesem Fall streng genommen nicht beide, sondern ihr Mund macht sich an seinem besten Stück zu schaffen. Wie leise die beiden dabei sind, wissen wir nicht genau, eins ist aber sicher: Nach Angeln sieht die Szenerie nicht aus und nach Angeln dürfte sie sich auch nicht anhören.

Deshalb dauert es eine Weile, bis die beiden begreifen, dass da jemand über ihnen steht und etwas von »Fischereiausweis« sagt.

»Wen?«, will der in seinem Amüsement so abrupt gestörte Mann wissen.

»Nicht wen. Was! Ihren Fischereiausweis. Sie befinden sich an einem öffentlichen Gewässer.«

Jetzt ist der Moment gekommen, in dem sie in die Diskussion einsteigt und geistesgegenwärtig feststellt: »Aber wir fischen doch gar nicht.«

Das könne jeder behaupten, erwidert der Kontrolleur und bewegt sich keinen Zentimeter zur Seite. Außerdem sei es völlig unerheblich, was jemand in dem einen Augenblick mache, hier ginge es um Grundsätzliches. »Und zwar um die Frage, ob Sie beide berechtigt sind, in einem öffentlichen Gewässer zu fischen.«

Der Mann ist mittlerweile dabei, sich seine Hose wieder anzuziehen. Nein, erklärt er resigniert, einen Fischereiausweis besitze er nicht. Wozu auch, er wisse ja nicht einmal, wie man einen Wurm an den Angelhaken bekommt. Er steht auf und zieht auch seine Freundin mit hoch.

»In Ordnung«, erwidert jetzt der Kontrolleur, »mehr wollte ich doch gar nicht wissen.« Damit dreht er sich um und geht.

Ob er sich auf dem Rückweg ein Grinsen verkniffen hat oder nicht, ist leider nicht überliefert.

Platz 5: Bäume sind super

Genau das fanden einem Bericht der »London Times« zufolge auch zwei junge Leute, nennen wir sie Susan und James. Und ganz besonders klasse fanden sie die Bäume im Park nahe des berühmten Windsor Castles. Die sind nämlich sehr hoch, und vor allem haben sie schöne, breite Baumkronen, in denen sich anstellen lässt, was man normalerweise auf ebener Erde anstellt.

Man. Aber nicht Susan und James. Die machen sich nämlich die Mühe hinaufzuklettern. Dort starten sie ihr Spiel, die Kleidung hängen sie quer über die Äste, die brauchen sie schließlich nachher wieder.

Das Ganze erfordert ein bisschen akrobatisches Talent und lässt den Sex damit zu einer richtigen kleinen Herausforderung werden. Und es macht Spaß! Zumindest bis zu dem Zeitpunkt, an dem das Spiel schneller und die Bewegungen der beiden heftiger werden. Jetzt nämlich lernen Susan und James Entscheidendes über die Belastbarkeit von Ästen: Genau genommen lernt Susan, dass Äste nicht sehr belastbar sind. Viereinhalb Meter bis zur Erde, abgedämpft nur durch ein paar im Weg hängende Äste und Zweige, können verdammt wehtun, wenn man sie im freien Fall zurücklegt.

Glück oder Unglück, dass in dem Moment, als Susan ihre unfreiwillige Begegnung mit dem Boden macht, zwei Jogger den Weg entlanglaufen? Der eine bietet an, vom Handy aus einen Arzt zu rufen, der andere legt Susan seine Jacke um.

Wo denn überhaupt ihre Kleidung sei, möchte er bei der Gelegenheit wissen.

Susan sagt nichts. James übrigens auch nicht. Denn der ist froh, dass er dort oben im Baum bislang unbemerkt geblieben ist. Und das soll nach Möglichkeit auch so bleiben. Er denkt überhaupt nicht daran, seiner Freundin Hose und Pullover nach unten zu werfen.

»Ihre Kleidung«, insistiert der eine von beiden, »irgendwo muss die doch sein.«

Jetzt wird es Susan zu dumm. Jeder Zentimeter ihres Körpers tut weh, kalt ist es auch, und James, der Idiot, glaubt anscheinend, er könne da oben in seiner Deckung bleiben und sie das hier alleine ausbaden lassen. Sie deutet stumm mit der Hand nach oben.

Die beiden Männer folgen ihrer Hand. Sehen sich an. Sehen wieder nach oben.

»Gut«, meint schließlich der eine. »Wir stammen schließlich alle vom Affen ab.«

Der andere grinst. »Die machen es aber genau umge-
kehrt. Die klettern für so was vom Baum herunter.«

Ob Susan und James ihr Spiel zu ebener Erde noch
einmal wiederholt haben, ist nicht überliefert. Wir finden aber, Susan hat einen hilfsbereiteren Liebhaber als
James verdient.

Platz 4: Der eifersüchtige Kater

In der Ambulanz eines Kreiskrankenhauses nahe Hamburg erscheint mitten in der Nacht ein junges Pärchen.
Der Mann geht gekrümmt und scheint Schmerzen zu
haben. Beiden ist es aber peinlich, über ihr Anliegen zu
sprechen.

Eine erste Untersuchung zeigt blutige Kratzspuren im
Genitalbereich des Mannes. Besondere Aufmerksamkeit
verdienen die verkrusteten Kratzer an der Eichel. Der
behandelnde Arzt vermutet ausgefallene Sexspielchen
als Ursache, beharrt aber nicht darauf zu erfahren, was
genau geschehen ist. Erst als er den jungen Mann darauf
hinweist, dass doch eine recht hohe Infektionsgefahr besteht, wird der hellhörig und erzählt, wie die Verletzungen zustande gekommen sind.

Er hat bei seiner Freundin übernachtet und wie schon
öfter begann auch in dieser Nacht der Kater des Mäd-
chens mit lautem Miauen und Kreischen, sobald die beiden sich näherkamen. Da es bisher nie etwas genutzt
hatte, den Kater auszusperren, denn dann war er vor der

Tür nur umso lauter gewesen, beschlossen die beiden, ihn einfach zu ignorieren. Zwar hatte das Tier schon manchmal versucht, sich beim Liebesspiel dazwischenzudrängen, aber sie hatten es immer mit Humor genommen.

So war es zunächst auch an diesem Abend gewesen, doch gerade, als der junge Mann mit seiner Freundin intim werden wollte, sprang ihm der Kater von einem Bücherregal aus auf den nackten Rücken. Wütend warf der Mann sich herum, um das Tier loszuwerden, doch war der Kater wohl genauso erschrocken und schlug im Gegenzug mit seinen krallenbewehrten Pfoten zu, wobei der Mann am Hodensack und eben auch am erigierten Glied getroffen wurde. Die Wunden schmerzten heftig und bluteten sofort. Deshalb fuhr ihn seine Freundin gleich in die Klinik.

Nachdem der Arzt die Geschichte gehört hat, verabreicht er seinem Patienten noch eine Spritze gegen Tetanus und lässt die beiden dann nach Hause fahren.

Was aus dem Kater wurde, darüber ist nichts bekannt.

Platz 3: Hundegebell

Von dieser Geschichte haben wir durch einen Bekannten der männlichen Hauptperson erfahren. Aus Gründen der Diskretion haben wir alle Namen geändert, einschließlich dem des Hundes. Denn der Antagonist ist ein Neufundländer namens Rollo. Der gehört zu Alma, einer Kielerin in den Dreißigern, die ihren Hund über alles liebt. Unser tapferer männlicher Protagonist heißt Hans-Jürgen, ein Mann von grobschlächtigem Aussehen, jedoch zartfühlender Seele.

Alma und Hans-Jürgen haben sich an jenem Abend bei einer After-Work-Party kennengelernt und sich schnell in Almas Wohnung abgesetzt. Der gemeinsame Plan ist unausgesprochen, aber sonnenklar: es heute Nacht gehörig krachen zu lassen.

Hans-Jürgen hat jedoch ein Problem, was sein Geschlechtsleben betrifft: Im Bett läuft zwar insgesamt alles rund, aber je stärker Begierde und Säfte in ihm aufsteigen, desto mehr verspürt er den Drang – zu knurren und zu bellen. Normalerweise nehmen Hans-Jürgens Partnerinnen das wegen seiner sonstigen Qualitäten still in Kauf und foppen ihn später höchstens ein bisschen.

Heute Abend ergibt sich jedoch ein besonderes Problem. Zuerst läuft es noch überdurchschnittlich gut zwischen Alma und Hans-Jürgen, sprich: Da haben sich zwei gefunden. Oder: Es flutscht. Leider löst jedoch genau das bei Hans-Jürgen besagte animalische Geräusche aus.

Was jetzt wiederum Rollo auf den Plan ruft. Der lag bisher ruhig in seinem Körbchen in der Diele, schlief den Schlaf des Gerechten und jagte im Traum die eine oder andere Katze. Nun aber lässt Hans-Jürgens Knurren und Bellen für Rollo nur einen logischen Schluss zu – da befindet sich ein Eindringling in der Wohnung, der ihm sein Revier streitig machen will. So etwas kann kein Hund mit Selbstachtung dulden.

Durch die offene Schlafzimmertür stolziert ein knurrender Rollo, sich drohend dem feindlichen Männchen nähernd, das zu allem Überfluss auch noch auf seinem Frauchen liegt. Rollo positioniert sich am Kopfende. In Hans-Jürgen wiederum führen irgendwelche neurologischen Prozesse den Mann zurück in ein frühmenschliches Stadium: Sein leidenschaftliches Knurren und Bellen verwandelt sich in Imponiergehabe gegenüber dem Neufundländer. Er starrt ihn an und fletscht dabei die Zähne. Alma spielt an dieser Stelle keine entscheidende Rolle. Die liegt nur unten und wundert sich.

Um es abzukürzen: Bei aller Friedfertigkeit von Neufundländern hat Rollo irgendwann genug und beißt zu, und zwar in Hans-Jürgens Nase. Danach sind von seiner Seite aus die Machtverhältnisse klargestellt, und er trollt sich wieder in sein Körbchen. Der Eindringling verlässt auch sofort blutend und schreiend sein, nämlich Rollos, Revier. Das Leben ist schön.

Hans-Jürgens Nase geht es inzwischen wieder ganz gut. Wegen der Hundelaute beim Sex hat er einen fähigen Therapeuten gefunden. Seine Aggression gegen Rollo verarbeitet er konstruktiv mit koreanischen Kochrezepten.

Platz 2: Sex mit Mehlwürmern

Wir möchten Sie warnen: Die folgende Geschichte ist für empfindliche Gemüter nicht geeignet und kann Ekel erregen.

Bei einem Mann, der mit starken Schmerzen in der Blase in die Urologie kommt, wird eine böse Entzündung diagnostiziert, die eine Operation erforderlich macht. Es stellt sich schließlich heraus, dass die Ursache für die Eiterung ein Tier ist. Das alleine wäre schon ungewöhnlich genug, noch überraschter sind die Ärzte allerdings über das Tier selbst, dessen Aufenthaltsort man ohne Weiteres als »untypisch« bezeichnen kann. Es handelt sich nämlich um einen verendeten Mehlwurm.

Auf Nachfragen gesteht der Mann schließlich, dass er schon seit Jahren lebende Mehlwürmer, wie man sie in jeder Tierhandlung als Futter für Reptilien kaufen kann, zum Zweck der Masturbation nutzt.

Sie ahnen, was kommt? In der Tat. Der Mann lässt oder ließ zumindest bisher Mehlwürmer in seine Harnröhre kriechen und empfindet diese absonderliche Reizung innerhalb seiner Harnröhre als lustvoll. Wenn er masturbiert, werden die Tiere zusammen mit dem Sperma wieder ausgeschleudert. Das habe bisher auch nie Probleme gemacht, erzählt der Mann.

Offensichtlich war es aber beim letzten Mal einem Tier gelungen, schnell bis ans Ende der Harnröhre zu klettern, bevor es ausgeschleudert werden konnte. Man mag sich das gar nicht im Detail vorstellen.

Ob der Mann bei seiner Vorliebe geblieben oder ob er vielleicht gar auf anderes Krabbelzeug umgestiegen ist, darüber ist nichts bekannt.

Platz 1: Das Frettchen in der Hose

Nicht schlecht staunt das Klinikpersonal, als Hermann K. in der Ambulanz erscheint, der nicht nur beide Beine, sondern auch den Genitalbereich voller kleiner Kratzer und Schnitte hat. Auf den ersten Blick sieht es aus, als wäre er untenrum nackt durch ein Distelfeld gelaufen. Wären da nicht auch kleine, tiefe Wunden am Penis, bei denen es sich offensichtlich um Bissspuren handelt. Außerdem ist das gute Stück zu enormer Größe angeschwollen.

Was auch immer die Ursache für das Dilemma sein kann, zunächst einmal müssen die Wunden gründlich gereinigt und desinfiziert werden. Danach sieht das Ganze zwar noch nicht unbedingt appetitlich, aber doch immerhin weit weniger gefährlich aus als zunächst befürchtet.

Der behandelnde Arzt vermutet, dass Hermann K. sich die Verletzungen im Freien zugezogen haben muss, das alles sieht verdammt nach Bisswunden aus. Nur: Welches Tier richtet so etwas an? Und vor allem: Warum?

Genau diese Fragen werden nun auch Hermann K. gestellt. Der wirkt allerdings alles andere als auskunftsfreudig.

Schließlich gibt er aber zu, dass es ein Frettchen war! Diese Antwort verblüfft sogar den erfahrenen diensthabenden Arzt. Frettchen kommen nicht in freier Wildbahn vor, jedenfalls nicht in Deutschland.

Schließlich erfährt er die ganze Geschichte: Sein verunstalteter Patient hatte von einem Kneipenwettkampf aus England gehört, wo die Spieler sich ein Frettchen in die Hose stecken, dann die Hosenbeine zubinden und den Gürtel schließen. Unterhosen dürfen bei dem Wettkampf nicht getragen werden, Sieger ist derjenige, der es am längsten aushält. Und das verlangt einem eine Menge Selbstdisziplin ab. Denn die Frettchen geraten in dem dunklen und engen Gefängnis in Panik und beginnen zu kratzen und zu beißen.

Hermann leiht sich also von einem Bekannten ein Frettchen, präpariert die Hose entsprechend und steckt das Tier hinein. Zunächst einmal dürfte das Resultat genau seinen Vorstellungen entsprochen haben: Die ersten Kratzer und das Bewusstsein des tobenden Frettchens in unmittelbarer Nähe seines ungeschützten Gehänges erregen ihn so sehr, dass er eine gewaltige Erektion bekommt. Die provoziert – so vermuten wir jedenfalls – das ohnehin schon wütende Frettchen weiter.

Jedenfalls packt das Tier nicht nur zu und hält sich am Penis fest, es beißt auch kräftig hinein. Das ist aber selbst für den erfahrenen Masochisten zu heftig.

Pech für Hermann K. Denn als er das Frettchen von außen packt, verbeißt es sich nur umso fester. Der Kampf zwischen Frettchen und Mann spitzt sich zu, mit Schlagen und Reißen kann er das Tier endlich entfernen. Aber zahlreiche Wunden bleiben.

Ebenso bleibt ein erboster Frettchenbesitzer, der seinen verletzten Freund alleine in die Klinik fahren lässt und sich stattdessen um sein schwer misshandeltes Haustier kümmert.

Vor Nachahmung sei übrigens gewarnt, denn Frettchen sind für ihre spitzen Krallen und scharfen Zähne berüchtigt.

Das dürfte wohl auch Hermann K. gewusst haben. Aber was ein ordentlicher Masochist ist, den schreckt so schnell gar nichts, den fordert so etwas sogar noch heraus.

7. Kapitel:
Kuriositäten aus aller Welt

*I*n diesem Kapitel bewegen wir uns vorwiegend in der Welt des Schmerzes. Der Genitalbereich ist ja besonders gut durchblutet, bei Männlein wie bei Weiblein, und ist daher hochempfindlich. Setzen Sie sich doch einmal in einen Kinofilm, bei dem Sie wissen, dass jemand einem Mann zwischen die Beine tritt. Es kann ruhig der Bösewicht sein, ein ganz, ganz garstiger Charakter. Und dann beobachten Sie an der entscheidenden Stelle doch bitte die Reaktion der männlichen Zuschauer. Sie werden feststellen, dass die automatisch mitleiden – die Augen zukneifen, das Gesicht verziehen, zischen … der Schmerz überträgt sich quasi telepathisch. Aber auch das weibliche Geschlechtsteil ist überaus empfindlich, wie wir illustrieren werden.

Doch wir sind ja keine Sadisten. Es gibt auch schmerzfreie Kuriosa. Da ist zum einen der Bereich, den man üblicherweise mit »Perversion« beschreibt. »Pervers« bedeutet ja »umgedreht«, und umgedreht sind auch Situationen beim Sex, wo etwas nicht da ist, wo es hingehört. Wir wollen nicht pathetisch werden, aber so wie bei »Romeo und Julia« liegen auch im richtigen Leben

Liebe und Tod, oder vielmehr Liebe und Krieg, manchmal dicht beisammen, bisweilen sogar sehr dicht.

Dass es in Sachen Sex auch Profis gibt, heißt nicht, dass diese Profis nicht auch mal Probleme haben können. Sagen wir es klar und deutlich: Pornostars sind auch nur Menschen. Dann gehören Sex und der eher freie Umgang damit bei manchen Berufsgruppen anscheinend sogar zum guten Ton. Wir meinen damit die allseits beliebte Berufsgruppe der Rechtsanwälte. Zum guten Ton gehört es auch für die Dichter, sich des ewig jungen Sujets »Liebe« anzunehmen.

Das gelingt ihnen oft ganz gut, wie Sie etwa bei Schnitzlers »Reigen« sehen werden; was jedoch die Umsetzung der Werke angeht, da hapert es manchmal.

Lange Rede, kurzer Sinn – dieses Kapitel lässt sich in einem Satz zusammenfassen, und der lautet: Beim Sex gibt es nichts, was es nicht gibt.

Platz 10: Vorhang auf für den Akt zu zweit

Mit dem Regietheater ist das so eine Sache. Beim Regietheater nimmt der Regisseur ein Stück und will zeigen, dass er alles viel besser kann als der Dichter. »Gegen den Strich bürsten« nennt man solche Verstümmelung. Shakespeares »Sommernachtstraum« spielt dann auf einmal auf einer Müllhalde, Romeo trägt eine SS-Uniform und Julia ist beim »Bund Deutscher Mädel«. Ganz toll.

Diesmal sind wir in der schwäbischen Provinz zu Gast. Den genauen Spielort sollen wir nicht nennen, hat uns der Regisseur gebeten, aber wenn Sie im Ländle mal rumfragen, werden Sie sicher auf den fraglichen Ort kommen.

Dieser bewusste Regisseur hatte nämlich die revolutionäre Idee, aus Arthur Schnitzlers »Reigen« endlich mal das zu kitzeln, was in ihm steckt. Der Inhalt des Stücks ist simpel: Es gibt fünf Männlein und fünf Weiblein, es gibt zehn Dialoge, und es geht um Sex. Was der Dichter aber nur andeutet, das will der Regisseur klar und deutlich zeigen. Also, jetzt nicht pornografisch, aber schon eindeutig.

Hm. Wenn Sie uns fragen – das musste ja schiefgehen. Die meisten Schauspieler sind zwar Laien, und sie reiben sich während der Szenen auch nackt aneinander, aber sie sind diszipliniert genug, dass es beim Reiben bleibt. Bis auf zwei. Nennen wir sie »der Gatte« und »das süße Mädel«, denn das sind ihre Rollen. Sie fanden einander schon heiß, als sie das erste Mal zur Gruppe stießen. Bisher haben die beiden es aber nicht bis zum Äußersten getrieben, denn erstens sind beide in einer Beziehung, und zweitens hatten auch bei der Generalprobe alle noch ihre Spießerkostüme an, Badehosen und Bikinis nämlich.

Nun aber ist Premiere, alle Darsteller tragen die Kostüme von Adam und Eva, und der Dialog zwischen dem Gatten und dem süßen Mädel ist der letzte vor der Pause. Die beiden machen sich also schon während der

Szene heiß, mit so einer sublimen, schnitzlerschen Variante von Dirty Talk. Wenn das Publikum nicht wäre, würden sie übereinander herfallen, das sieht man ihnen an.

Und dann fällt der Vorhang zur Pause.

Gatte und Mädel fackeln jetzt nicht mehr. Auf der Bühne geht es zur Sache. Und zwar heftig, sehr heftig – die beiden vergessen, dass die Pause nur fünfzehn Minuten dauert. Der Rest der Compagnie bemerkt gar nicht, dass in der Pause unsere zwei Hormonbomben fehlen, und das Publikum strömt wieder in den Saal, um sich den zweiten Teil der Vorstellung anzusehen. Bis hierhin könnte noch alles gut gehen.

Aber dann ist da dieser Dödel von Bühnentechniker.

Der schaut nie, was auf der Bühne los ist, ist aber ein Pünktlichkeitsfanatiker. Exakt fünfzehn Minuten, nachdem der Vorhang gefallen war, öffnet er ihn wieder. Das Mädel ist beim Gatten gerade mit etwas beschäftigt, was man mit dem Namen einer wichtigen europäischen Sprache beschreibt. Der Saal spendet spontan Szenenapplaus. Donnerlüttchen, das ist mal eine mutige Inszenierung!

So steht es auch am nächsten Tag in der Rezension des Lokalblattes. Es sei wirklich erfrischend gewesen, Arthur Schnitzler zu entstauben und geltende Konventionen zu bekämpfen.

Unser Hormonpärchen interessiert das nicht mehr. Der Gatte ist eben genau das nun nicht mehr im wirklichen Leben, und das süße Mädel hat den süddeutschen

Raum verlassen. Aber was tut man nicht alles für die Kunst?

Platz 9: Die bayerische Thatcher

Diese Geschichte erzählt man sich in der Kölner Anwaltsszene, und sie handelt von Heinz. Heinz ist Wirtschaftsanwalt, scheffelt massig Kohle, hat eine süße, liebe Frau und ist Mitglied im angesagtesten Tennisclub der Stadt. Da sitzt er jetzt auch, und zwar in der Sauna nach einem Match. Da sitzen nur Männer, alles Anwälte, alle in den besten Jahren, schwitzen rum und quatschen über Männerzeug.

Eine wichtige Regel: Ein erfolgreicher Anwalt ist verheiratet und hat eine Geliebte. Die Frau zum Repräsentieren, die Geliebte fürs Bett. Besser gleich zwei Geliebte. Oder wechselnde. Jedenfalls aber was Junges und Knackiges. Darüber reden die Herren in der Sauna.

Heinz schweigt. Er hat keine Geliebte. Ist er nicht der Typ für. Aber das kann er nicht sagen, denn sonst macht er sich vor den Kollegen lächerlich. Als die freudige Runde johlend beschließt, dass ab jetzt jede Woche einer von ihnen Anekdoten von seiner Schnitte erzählen soll, steht Heinz' Entschluss fest: Er braucht jetzt auch eine Geliebte. Sonst leidet sein Ruf.

Und das geht auch ganz einfach. An der Bar des Clubs hängen nämlich immer junge Mädels rum, die die goldene Anwaltsregel ebenfalls kennen. Heinz ist nicht wählerisch und spendiert einem der Küken ein Glas Milch. Jennifer heißt sie und ist auch so. Kichernd nimmt sie Heinz' Einladung an, sich gleich ein Hotelzimmer zu nehmen.

Dort stehen sie beide auch eine Stunde später, und Heinz beginnt dann mit dem, was er auch im Beruf tut: die Arbeit gleich hinter sich bringen. Wobei – die Parallele zur Arbeit hinkt. Denn Heinz ist nicht bei der Sache. Überhaupt nicht. Auch Jennifer merkt das. »Du bist ja gar nicht bei der Sache«, sagt sie.

Heinz' Hirn arbeitet in Krisensituationen immer routiniert und sucht einen Ausweg. So auch jetzt: »Kannst du auf Bayerisch fluchen? Ich brauch das. Sonst kann ich nicht.« Jennifer: »Cool! Du hast 'n Bayern-Fetisch?« Das ist es nicht genau. Heinz' Frau kommt aus Augsburg, und sie flucht beim Sex, dass die Wände erröten.

Jennifer kramt in ihrem Après-Ski-Gedächtnis und ringt sich ein »Sakrament« und ein »Kruzitürken« ab. Das ist es aber nicht. Heinz vermisst seine Frau. »Kannst du mich an den Ohren ziehen, wenn ich auf dir liege?« Jennifer: »An den Ohren?« So wird das auch nichts. »Kannst du einen auf Margaret Thatcher machen?« Jennifer: »Was, ej? Kenn ich nich, und ich sprech auch kein Englisch.«

Am nächsten Wochenende sitzt Heinz wieder mit den anderen in der Sauna. Die Runde ist etwas verdutzt, als Heinz sich meldet und seine Anekdote zum Besten gibt, und zwar mit Bravour: »Ich hab mir das überlegt – Geliebte müssen sich demnächst bei mir bewerben wie Angestellte. Fremdsprachen müssen sie können, mich quälen und mich richtig niedermachen – wie meine Frau.«

Platz 8: No woman, no cry

Bei Pornofilmen ist es wie bei anderen Filmen auch: Es gibt billige und teure, Aufnahmen in irgendwelchen Hinterzimmern und solche, die aufwendig produziert sind. Regisseur Detlef B. hat Tarkowskij, Greenaway und Fassbinder als Vorbilder, und obwohl des Schicksals Windungen ihn zur Regie von Sexfilmen geführt haben, hat Detlef sich noch etwas künstlerischen Anspruch erhalten. Von seinem Ansatz, Pornos in schwarz-weiß nach Art der Nouvelle Vague zu drehen, hat Detlef sich zwar wieder abgewandt, aber ein bisschen Stil muss wenigstens noch sein.

Folgende Geschichte war unter »Vermischtes« in mehreren Tageszeitungen zu lesen: Eine Produktionsfirma hat zwei veritable Stars der Branche engagiert und Detlef beauftragt, mit den beiden einen Streifen in der Südsee zu drehen. Lisa A. und Enrico B. als Stars sollen die Kosten einspielen, und Detlef soll die Darsteller ins rechte Licht setzen.

Die Handlung ist nicht wirklich komplex: Schiffbrüchige Blondine wird an den Strand eines Eilands gespült und stößt dort auf Tarzan-Verschnitt, der sie ausgiebig vernascht, gezeigt in 42 Kameraeinstellungen. Zuerst läuft alles gut. Lisa, Profi wie sie ist, schleppt sich mit letzter Kraft an den Strand und bleibt dort ermattet liegen, während der stattliche Enrico schon durch die Palmblätter lugt und sich der Armen nähert. Detlef hat wenigstens noch durchgesetzt, dass Enrico ein Buch von Marcel Proust beiseitelegt, bevor er den Strand betritt.

Es geht erst mal weiter wie im »Drehbuch«, und es geht auch alles gut, bis Lisa den Mund öffnet, um »Mein Retter!« zu sagen. Nun hat Lisa aber eine hohe Fistelstimme, und ein Zungenpiercing hat sie sich auch machen lassen. Und es gibt nichts, was Enrico so abtörnt wie hohe Fistelstimmen und Zungenpiercings! Hinzu kommt, dass Enrico sich gerade in die Kollegin Babette verliebt hat. Alles zusammen bewirkt nun, dass Enrico keinen hoch bekommt. Dumme Situation.

Beim Porno hat man ja so seine Methoden, um solchen Malheurs zu begegnen. Wozu hat man die Chemie? Detlef schickt einen Assi aus, um ein Präparat zu holen, das Enrico wieder zum Hengst machen soll. Lisa jedoch ist in ihrer Ehre gekränkt und ergreift von sich aus die Initiative. Einer oralen Stimulation hat bei ihr noch niemand widerstanden.

Wozu Lisa allerdings erneut den Mund öffnen muss und ihr Zungenpiercing zeigt. Als sie auch noch piepsig sagt: »Wollen wir doch mal sehen, ob Babette das genauso gut kann«, erschlafft Enricos bestes Stück endgültig. Aus die Maus. Vorbei.

Der Rest ist schnell erzählt: Lisa bekommt an Ort und Stelle einen hysterischen Anfall, Enrico tobt herum und brüllt, er habe sich ohnehin längst für ein Philosophiestudium eingeschrieben, Detlef stöhnt: »Ich kann so nicht arbeiten!« und der Produzent verbeißt sich stöhnend in seinen Sonnenhut. Dieses Meisterwerk wird nie gezeigt werden.

Platz 7: Der gute Tropfen

Dr. Jonathan S. ist einiges gewohnt beim Nachtdienst in der Notfallambulanz. Er hat schon eine Menge Spinner erlebt. Doch auch ihm passiert in dieser Nacht etwas Neues. Die Dame, die sein Behandlungszimmer betritt, geht wie auf rohen Eiern. Ihr Blick ist panisch. Sie flüstert auch nur und verweigert das Händeschütteln. Auf dem Stuhl Platz nehmen möchte sie auch nicht.

Die Hand der Frau scheint etwas unter ihrem Rock zu umfassen. Dr. S. möchte es ihr leicht machen und fragt, ob sie etwa einen Fremdkörper an einer delikaten Stelle hat. Die Frau nickt, bittet aber eindringlich darum, dass ihr Mann nichts erfahren darf.

Sie und ihr Liebhaber hatten sich heute ein schönes Hotelzimmer gemietet. Eine eisgekühlte Flasche Champagner hat er auch bestellt. Und wie sie da so nebeneinander im Bett liegen … Die Frau vermag nicht mehr weiterzuerzählen, stattdessen lüpft sie ihren Rock, und Dr. S. sieht den Boden einer Flasche Dom Pérignon darunter hervorlugen.

Die Frau ist ernsthaft verzweifelt. Die ganze Zeit habe sie Wasser und Blut vor Angst geschwitzt, dass der Korken in ihr herausschießen könne. Sie habe den Taxifahrer extra Umwege nehmen lassen, damit er nicht über Kopfsteinpflaster fahren müsse.

Dr. S. unterdrückt einen Lachanfall. Er weist die Dame an, sich auf den gynäkologischen Stuhl zu setzen. »Aber seien Sie um Gottes willen vorsichtig, Herr Doktor!« Dr. S. beruhigt sie und entfernt fachmännisch die Flasche aus der Scheide. »Sehen Sie – nichts passiert. Die Flasche ist nach wie vor fest verkorkt. Wegwerfen würde ich sie nicht. Wäre doch schade um den guten Tropfen.«

Platz 6: Make love, not war

Die Zeiten, als die Bundeswehr eine Männerdomäne war, gehören glücklicherweise der Vergangenheit an. Soldatinnen sind mittlerweile Alltag bei der Armee. Eine von ihnen ist Rekrutin Steffi, die gerade ihre Grundausbildung absolviert und von der kürzlich eine Münchner Zeitung in der Rubrik »Vermischtes« berichtete. Steffi möchte später an der Bundeswehr-Uni in München Physik studieren und muss dazu vorab ein bisschen durch den Schlamm robben.

Nun hat die Grundausbildung für Männer wie Frauen ein entscheidendes Handicap: Sie ist stink-lang-wei-lig. Gerade liegt Steffi mal wieder bäuchlings im Gelände oder vielmehr im Wald oder vielmehr im Matsch eines Waldes und späht aus, ob der Feind kommt. Neben Steffi liegt Tom, ebenfalls Rekrut, und umfasst sein geliebtes MG. Steffi hatte schon immer eine Schwäche für Waffen und Soldaten in Uniform, und Toms Anblick, gepaart mit einer gehörigen Portion Langeweile, lässt ihre Libido erwachen.

»Ganz schön langweilig hier, gell?« So oder so ähnlich fragt sie den Kameraden. Toms Augen blicken konzentriert in Richtung Moskau: »Hm.« Tom ist allzeit bereit und würde Berlin bis zur letzten Patrone und zum letzten Atemzug verteidigen. Und genau das macht Steffi jetzt scharf. Ihre folgenden Äußerungen überspringen wir anstandshalber, jedenfalls kommen darin das MG und irgendein hartes Rohr vor. Entscheidend ist nur, dass nach ein paar Minuten eine nackte Steffi auf einem nackten Tom sitzt und Tom weiterhin sein MG umklammert hält, wobei sein Griff immer fester wird, je länger die Sache dauert.

Allzu lang dauert sie nun aber auch wieder nicht, denn Toms Unterbewusstsein scheint zu seinem sexuellen Höhepunkt einen vielfachen Salut zu fordern. Irgendwie jedenfalls verhakt sich seine Hand am Abzug, als er seinen Orgasmus spürt, und das MG rattert laut und fröhlich los. Es enthält natürlich keine scharfe Munition, aber der Lärm reicht aus, um Unteroffizier M. zu alarmieren, den Ausbilder unserer Rekruten. M. tut das, was er am besten kann: brüllen wie am Spieß. Die Wiedergabe des genauen Wortlauts, wie anwesende Rekruten es überlieferten, wäre nicht jugendfrei, aber die schiere Lautstärke reicht schon, um die anderen Rekruten herbeizurufen. Wer von denen (unerlaubt) das iPhone dabeihatte und das damit gemachte Foto an die erwähnte Münchner Zeitung verkaufte, das klärt die Bundeswehr noch intern.

Platz 5: Fitnesscenter lohnt sich

Untreue ist ja so weit nichts Ungewöhnliches. Blöd ist es nur, wenn man sich dabei erwischen lässt, und noch blöder ist es, wenn man beim Erwischtwerden keine gute Erklärung für das findet, was natürlich nie das ist, wonach es aussieht.

Es geht aber auch anders, wie vor Kurzem in einer kleinen bayerischen Regionalzeitung zu lesen war. Aus Rücksicht auf die Betroffenen verändern wir dieses Mal nicht nur die Namen, sondern wir verschweigen auch den Ort des Geschehens.

Anita ist mit Herbert verheiratet, seines Zeichens Bürgermeister im kleinen Ort. Herbert amüsiert sich mit Sissy, und vor Sissy hat er sich mit Susi amüsiert, deren Vorgängerin hieß Manu. Aber von denen weiß Anita nichts. Die ihrerseits findet nämlich schon länger Gefallen an Toni, Herberts engstem Mitarbeiter.

Nun passiert eines Abends das, was passieren muss: Anita und Toni liegen im Bett, zu Hause bei ihr. Herbert sollte eigentlich eine Sitzung haben, zu der nicht mal Toni zugelassen ist.

Aber Herbert hat keine Sitzung, absolut nicht. Er hätte bei Sissy sein wollen, aber Sissys Mann hat Verdacht geschöpft, und deshalb hat Sissy das Ganze abgesagt. Nun kommt Herbert nach Hause. Keine Anita im Wohnzimmer, keine Anita in der Küche. Keine Anita im Bad. Also vielleicht eine Anita im Schlafzimmer? Er geht hinein, ohne zu klopfen, fremdgehen ist schließlich das Privileg der Männer, Anita macht so was nicht. Denkt Herbert.

Aber Anita macht so was doch, und als jetzt unvermittelt Herbert im Zimmer steht und vor Überraschung nichts anderes als »Aha« sagen kann, da wird Anita wütend, so richtig wütend. Was sie gar nicht hätte werden müssen, denn Herbert ist da durchaus tolerant, Sissy, Susi, Manu und Co. lassen grüßen. Aber das erfährt Anita nicht, denn noch bevor Herbert nach seinem wortgewandten »Aha« ein weiteres Wort sagen kann, fliegt die Nachttischlampe und erwischt ihn übel am Oberarm, gefolgt von einem »Ausgerechnet du musst mir jetzt Vorwürfe machen!«. Hätte Herbert ja gar nicht, wie wir wissen. Wir, aber nicht die Bürgermeistergattin. Und ehe Herbert auch nur die geringste Chance bekommt, seine liberale Weltanschauung unter Beweis zu stellen, wird er von dem Stuhl getroffen, auf dem er normalerweise abends seine Kleidung ablegt. Dieses Mal ist die Schulter an der Reihe. »Au«, sagt Herbert und »Anita, nun hör mir doch …« Aber nicht jetzt. »*Du* hörst mir zu, verdammt«, schreit Anita. Sie ist in Ermangelung weiterer Lampen und Stühle inzwischen bei Büchern angekommen, aber mit denen trifft sie ganz gut. »Glaubst du, ich wüsste nicht, wo deine dauernden Sitzungen stattfinden?! Und wohin du deine Dienstreisen machst? Als hätte jemand aus der Provinz Dienstreisen auf die Male-diven! Und wenn du mir nur ein einziges Mal mit dem blöden, kleinen Wort ›Betrug‹ kommst, dann gibt es der-maßen Ärger!« Letzteres hätte Anita nicht sagen müssen, denn Ärger hat Herbert ja jetzt schon. Oberarm, Schul-ter, Bauch, Hals, Beine, es gibt kaum ein Körperteil, das mittlerweile noch nicht getroffen wurde. Dann, auf ein-mal, nachher kann sie selber nicht mehr sagen, wie sie auf diese Idee gekommen ist, schnappt sich Anita die Kommode. Zu diesem Zeitpunkt sind sowohl Herbert im Türrahmen als auch Toni im Bett in entsetzte Handlungs-unfähigkeit verfallen, Herbert, weil er mit seinen Bles-suren beschäftigt ist, Toni, weil sein Denken sich längst von Anitas Körper ab- und möglichen Fluchtmöglichkei-ten zugewandt hat. Wie auch immer, Anitas Training an den Kraftgeräten trägt jetzt Früchte. Die Kommode fliegt und befördert Herbert hinüber in eine wunderschöne, freundliche Ohnmacht.

Um es kurz zu fassen: Herbert hat dem Scheidungs-richter Fotos seines misshandelten Körpers gezeigt und damit zumindest einiges an Schmerzensgeld he-rausholen können.

Was Toni jetzt macht, wissen wir nicht, es steht aber zu vermuten, dass er Frauen inzwischen großräumig meidet. Vielleicht hat er aber auch einen einfühlsamen Therapeuten gefunden.

Platz 4: Dienstreise mit juristischem Nachspiel

Die meisten Menschen versuchen Unfälle beim Sex zu vertuschen oder jedenfalls nicht an die große Glocke zu hängen. Ganz anders denkt da eine australische Regierungsangestellte. Sie verklagt sogar ihren Arbeitgeber. Wahrscheinlich dürfen künftige Generationen von Jurastudenten sich mit diesem Fall noch befassen.

Die junge Dame wird auf eine mehrtägige Dienstreise zu einer Tagung geschickt. Während sie nachts im Hotel Sex mit einem der Teilnehmer hat, löst sich eine Lampe am Kopfende des Bettes von der Wand und fällt der jungen Frau ins Gesicht. So etwas ist nicht schön. Sie erleidet Verletzungen an Nase, Mund und am Gebiss.

So weit ist die Geschichte wenig spektakulär. Ihren Reiz bekommt sie dadurch, dass die junge Dame ihren Arbeitgeber auf Schmerzensgeld verklagt. Ihr Anwalt begründet dies damit, dass sie nur wegen der dienstlichen Tagung in diesem besagten Hotel genächtigt habe. Der Anwalt der Behörde wendet ein, dass nächtlicher Sex kein notwendiger Bestandteil der Dienstreise sei. Anders würde es sich beispielsweise verhalten, hätte die Frau einen Unfall während des morgendlichen Duschens erlitten, da dies eine gewöhnlich mit einer Dienstreise verbundene Tätigkeit sei, Sex dagegen nicht. Die Frage, ob die Lampe von allein oder infolge der heftigen Bewegungen beim Sex heruntergefallen sei, ist nicht mit Gewissheit zu entscheiden, doch besteht der Anwalt der jungen Frau darauf, dass Geschlechtsverkehr etwas sei, das üblicherweise nachts in Hotelzimmern stattfinde.

Die Anwälte streiten anschließend darüber, ob Sex in einem Hotelzimmer während einer Dienstreise ein unter normalen Umständen erwartbares Ereignis sei. Der Richter sieht sich außerstande, in diesem komplizierten Fall eine sofortige Entscheidung zu fällen, und vertagt die Sitzung auf unbestimmte Zeit.

Platz 3: Scharf brennt nicht nur einmal

Lieben Sie scharfes Essen? So richtig feurig? Thomas und Angela M. mögen es jedenfalls. Und scharfes Essen macht sie auch anderweitig scharf. So auch an einem Sonntag im Mai. Thomas kocht in der Küche, und um ihnen innerlich so richtig einzuheizen, schneidet er Chilischoten klein. Und diese Chilis sind höllisch scharf, davon hat er sich überzeugt, seine Zunge brennt immer noch. Er schneidet die Schoten ganz klein, um sie dann ins Essen zu streuen.

Während Fleisch und Gemüse auf dem Herd köcheln, schleicht Angela sich herein und schmiegt sich an ihn. Sie umarmen sich, sie küssen sich, und Thomas kommt so richtig in Stimmung, als er bemerkt, dass seine Frau kein Höschen unter ihrem kurzen Rock trägt. Seine Finger finden den Weg von ganz allein und beginnen, Angela zwischen den Beinen zu liebkosen, was sie zuerst leise schnurren und dann laut schreien lässt.

Thomas kennt seine Frau als sehr heißblütig, aber so schnell? Sein Blick fällt auf das Küchenmesser und die Erkenntnis in sein Hirn. Rasch zieht er die Hand zurück, deren Fingerkuppen vom Chilisaft noch leicht rötlich gefärbt sind. Hat er sich etwa nicht die Hände gewaschen? Nein, hat er nicht.

Angela hüpft und jammert, und jeder Versuch, sich mit den Fingern zu helfen, macht alles nur noch schlimmer. So rasch er kann, schrubbt Thomas sich die Finger mit Seife und Spülmittel sauber. Dann holt er einen Waschlappen und Eiswürfel aus dem Gefrierfach.

Der Volksmund weiß, dass man richtig scharfes Essen zweimal spürt. Angela und Thomas haben entdeckt, dass es sogar dreimal geht. Aber auf diese Erkenntnis hätte zumindest Angela gerne verzichtet.

Platz 2: Sag's mit Rosen

Die nachfolgende Geschichte erzählte eine gewisse Jule im Radio. Sie zeigt, dass nichts so verrückt ist, als dass Menschen nicht darauf kommen würden.

Als Jule am Valentinstag nach Hause in die gemeinsame Wohnung kommt, überrascht ihr Freund sie mit einem Liebesbeweis der ganz besonderen Art. Seiner Freundin eine Rose schenken, das kann jeder. Seine Freundin mit einer Rose in einer originellen Vase zu überraschen, das ist auch nichts Besonderes. Aber das, was Jules Freund sich hat einfallen lassen, macht Jule sprachlos.

Als sie nämlich die Wohnungstür öffnet, erwartet er sie splitternackt mit einer Rose. Das Schlafzimmer ist mit Kerzen geschmückt, so romantisch, wie es nur geht. Und als Höhepunkt ist da eben die Rose. Aber ihr Freund hält sie nicht in der Hand und er hat sie auch nicht in eine Vase getan. Nein, die Rose steckt in seinem erigierten Penis.

Jules Freund hat alle Dornen entfernt, den Stiel dünn zugeschnitten und dann diese Rose in seine Harnröhre eingeführt, so weit es eben ging, damit sie gut feststeckt.

Jule ist gelinde gesagt irritiert, aber sie macht gute Miene zum verrückten Spiel. Beim Versuch, die Rose herauszuziehen, muss sie aber feststellen, dass der Stiel feststeckt. So etwas ist nicht gut für die Romantik. Sie zieht etwas fester, aber das tut dem Freund weh. Kann eine Rose vielleicht festwachsen? Vielleicht ist der Stiel in der Zeit auch etwas aufgequollen.

Jule besteht jetzt darauf, den Notarzt zu rufen, der auch nach kurzer Zeit eintrifft. Er geht die Sache sehr professionell an, und es gelingt ihm, den Stiel mithilfe eines Gels herauszuholen.

Wäre der Rosenstängel noch ein kleines Stückchen weiter reingeschoben worden, dann wäre Jules Freund wahrscheinlich impotent geworden, sagt ihnen der Arzt zum Abschied, und er empfiehlt dem romantischen Liebhaber dringend, in den nächsten Tagen bei einem Urologen prüfen zu lassen, ob auch wirklich keine weitere Verletzung vorliegt.

Das ist nicht der Fall, und der Freund hat auch bald

keine Beschwerden mehr. Nur Jule. Sie bekommt das Bild nicht mehr aus dem Kopf. Und immer wenn die beiden jetzt Sex haben wollen, sieht sie wieder die Rose vor sich und verliert jede Lust.

Platz 1: Kettenreaktion

Diese Geschichte geistert durchs Internet und ist so unglaublich, dass sie schon allein deshalb wahr sein muss. Kann man so etwas erfinden? Zugetragen hat sich der Fall, der mit einer mehrfachen Verletzung der beiden Beteiligten im Krankenhaus endete, in Osteuropa.

Liebe geht durch den Magen, sagt das Sprichwort. Und vor das Essen hat die Natur das Kochen gesetzt. Gibt es etwas Erotischeres als einen kochenden Mann? Mag sein, dass nicht alle Frauen so denken, doch für die Frau dieser Geschichte, die wir Olga nennen, ist es so. Als sie ihren Boris mit seiner Pfanne in der Küche sieht, bricht die Leidenschaft aus ihr hervor. Boris ist dabei Pfannkuchen zu backen, und er macht es wie ein Profi. Er gibt den Teig in das heiße Butterschmalz und wendet den Pfannkuchen, indem er ihn in die Luft wirft und mit der Pfanne wieder auffängt. Für Olga ist er ihr Held, wie er so mit sportlichem Schwung den halb garen Teig in der Luft einen Salto beschreiben lässt und ihn mit heroischem Griff wieder auffängt.

Der Anblick erregt Olga, und sie will ihrem Boris etwas Gutes tun. Noch während er beim Kochen ist, kniet sie splitternackt vor ihm nieder, öffnet seine Hose und beginnt seinen kleinen Boris oral zu verwöhnen. Wer würde das schon zurückweisen?

Boris fühlt sich gut, richtig gut. Doch er ist mit den Gedanken nicht mehr ganz bei der Sache. Andererseits fühlt er sich jetzt erst recht zur Höchstleistung angefeuert. So wirbelt er den nächsten Pfannkuchen in Richtung Decke und verfehlt ihn beim Auffangen. Der heiße Teig klatscht der völlig unvorbereiteten und nichtsahnenden Olga auf den nackten Rücken. Das tut weh, und im Reflex beißt Olga mit den Zähnen zu, zwischen denen sich der Phallus ihres Geliebten befindet.

Das tut mindestens genauso weh, und in diesem Schreck lässt Boris die gusseiserne Pfanne fallen, die der immer noch vor ihm knienden Olga auf den Kopf fällt.

Wer von beiden zuerst wieder handlungsfähig ist, darüber ist nichts bekannt. Das Nächste, was wir von ihnen wissen, ist, dass sie im Krankenhaus auftauchen, wo bei Boris die Verletzung eines Schwellkörpers und bei Olga eine Brandwunde zwischen den Schultern und eine Gehirnerschütterung diagnostiziert wird. Andere Quellen sprechen sogar von einer Schädelfraktur.

Sicher ist hingegen, dass es an diesem Tag keine Pfannkuchen gab.

8. Kapitel:
»Ich wollte doch bloß …« –
die besten Ausreden
(nicht nur) beim Arzt

*I*mmer wieder kommt es vor, dass das, was als besonders aufregendes Sex-Abenteuer angefangen hat, beim Arzt endet. Die alles entscheidende Frage ist nur: Was sagt man dem guten Mann oder der werten Dame? Wie um alles in der Welt ist passiert, was da gerade passiert ist?

Eines ist klar: Der Sex war es nicht! Es war … na, irgendwas anderes eben.

Hier haben wir einige der schönsten Ausreden gesammelt, von denen Ärzte berichten können.

Aber Ausreden zum Sex haben sich ja nicht nur Ärzte anzuhören, sondern vor allem: die Partner! Wie erkläre ich meinem Partner oder meiner Partnerin, wenn unter der Gürtellinie etwas nicht so ist, wie es sein sollte? Was sage ich bei Seitensprüngen oder anderen erotischen Exkursionen? Was, wenn ich gerade gar nicht will?

Folgen Sie uns zu originellen Einfällen, um zu verschleiern, was meist gar nicht zu verschleiern ist. Jede absurde Ausrede in diesem Kapitel ist für die Betroffenen noch besser, als die Peinlichkeiten zuzugeben. Doch lesen Sie selbst.

Platz 10: Gurken sind ein vielseitiges Gemüse

Scheidenpilze sind bekanntlich lästige Gäste. So ein Pilz juckt und brennt und man oder eher frau muss ihm normalerweise zu Leibe rücken. Denn die Biester sind nicht nur unangenehm, sie sind auch sehr anhänglich.

Als Erste-Hilfe-Maßnahme ist Essig nützlich, bringt der nichts mehr, müssen Scheidenzäpfchen her. Das ist die harmlosere Variante, aber wenn auch die nichts mehr bringt, hilft nur noch das gute alte Antibiotikum.

Keine Lust auf derlei Maßnahmen hatte allem Anschein nach Monika S. Sie versuchte es mit Kühlung der biologischen Art, Gurken sind schließlich vielfältig einsetzbar … Glatt und eher weich sind sie außerdem.

Aber manchmal wollen sich die blöden Dinger ebenso wenig wieder verabschieden wie der Scheidenpilz, gegen den sie angeblich eingesetzt wurden. Sie stecken fest!

Für Doktor Sommer aus dem örtlichen Krankenhaus ist es die dämlichste Ausrede, die er je gehört hat: »Ein Vaginalpilz ist nicht nur sehr einfach zu behandeln, sondern er verschwindet in aller Regel auch schon einen Tag nach Behandlungsbeginn«, erklärt er. »Niemand muss tagelangen Juckreiz überhaupt erst in Kauf nehmen.«

Fazit Doktor Sommer: Wenn schon mit Ausreden kommen, weil Gegenstände sich nach getaner Arbeit nicht mehr aus der Vagina entfernen lassen, dann doch bitte mit originellen. »Damit wir wenigstens was zu lachen haben.«

Platz 9: Frühstück mit Nachspiel

Sonntagvormittag in der Ambulanz der Hamburger Frauenklinik. Frauenärztin Susanne M. hat während ihrer Wochenenddienste in der Ambulanz schon so einiges erlebt. Aber als die junge Frau vor ihr auf dem gynäkologischen Stuhl sitzt, wundert sie sich doch sehr. Irgendetwas steckt in ihrer Vagina, etwas, das die junge Frau dazu gebracht hat, sich von ihrem Freund in die Klinik fahren zu lassen.

»Ich glaube fast, das ist …«, sagt sie und pfriemelt das Ding heraus. Es ist an manchen Stellen weich, an anderen hart, und es sieht nicht nach etwas aus, das normalerweise in einer Vagina Platz hat. Sie hält das Ding ins Licht. »… ja, das erinnert mich eigentlich an ein Baguette.«

Fragend schaut sie die Patientin an.

»Es ist nicht so, wie Sie jetzt vielleicht denken«, setzt die verlegen an. »Es war nur, also, wir haben gerade gefrühstückt, im Bett. Und da ist uns der Brötchenkorb heruntergefallen, mit dem ganzen Baguette. Aber wir wollten nicht aufstehen, sondern wir haben uns so aus dem Bett gereckt, verstehen Sie?!«

Susanne M. versteht nicht ganz, nickt aber. »Und dann muss es irgendwie, ich weiß auch nicht wie genau, zumindest muss das da reingekommen sein.«

Rein ja, denkt Doktor M., heraus nicht mehr. Aber dafür gibt es ja die Ambulanz.

Platz 8: Flaschen und ihre Tücken

Die Frau, die da abends um zehn in der Praxis von Doktor P. auftaucht, trägt einen Rock. Nur dass die Patientin ihn etwas merkwürdig hochgeschürzt hat, mit der rechten Hand scheint sie etwas festhalten zu müssen. Eine offene Wunde am Bein, denkt Sabine, die junge Arzthelferin, mühsam zusammengehalten von einer Kompresse? Dem Blick der jungen Frau zufolge dürfte das, was auch immer sie da am Bein festhalten muss, ziemlich wehtun. Sie führt die Patientin ins Sprechzimmer. »Setzen Sie sich hin. Lassen Sie mal sehen.«

Aber die Frau im Rock wehrt entsetzt ab. Nicht hinsetzen, und nachschauen lassen schon gar nicht! »Aber können Sie Ihren Chef holen, dass er mich gleich an die Reihe nimmt?«, fragt sie stattdessen.

Sabine nickt verständnisvoll und verschwindet nach draußen. Eine Minute später kommt sie mit dem Arzt zurück.

Ausgesprochen überrascht ist ein erfahrener Arzt wie Doktor P. allerdings nicht, als er die Ursache für die verkrampfte Körperhaltung ausmacht: eine Flasche. Mal schauen, denkt er, welche Ausrede dieses Mal an der Reihe ist.

Ja, erklärt die junge Frau zögernd, sie wäre unter der Dusche gewesen. Dann sei sie in die Küche gegangen und irgendwie, ohne erkennbaren Grund, muss sie dabei wohl ausgerutscht sein, einfach so. Aber sie sei unglaublich gelenkig und darum habe sie sofort einen Spagat gemacht. Und da habe dann unerklärlicherweise diese Flasche gestanden …

Mehr als ein »Hm« ist Doktor P. darauf nicht eingefallen. Beim Entfernen der Flasche muss er allerdings vorsichtig sein, denn der Hals der Flasche sorgt, wenn er sich über den Gebärmutterhals stülpt, für ein Vakuum. Und das kann gefährlich werden. Aber Doktor P. hat bereits Erfahrung mit derlei Pannenhilfe, und alles verläuft problemlos.

Anschließend überlegt er kurz, ob er seine Patientin vor weiteren Spielchen dieser Art warnen soll, aber sie dürfte ihre Lektion inzwischen gelernt haben. Darum entscheidet er sich für ein »Beim nächsten Mal bitte beim … Duschen … etwas vorsichtiger sein.«

Platz 7: Die Geschichte vom Weihnachtsschmuck

Christbaumkugeln sind reiner Weihnachtsschmuck? Möglich, dass Sie das bisher geglaubt haben. Dann wird es jetzt Zeit, dass Sie jemand über die Multifunktionalität dieses kleinen Dekogegenstands aufklärt. Um es allerdings gleich vorwegzunehmen: Nachahmung wird nicht empfohlen!

Es ist ein ganz normaler Sommerabend im Juli, als in der Ambulanz des städtischen Krankenhauses Detmold eine junge Frau auftaucht. Sie bewegt sich mehr als behutsam, so, als trage sie etwas äußerst Zerbrechliches am Körper. Hinsetzen möchte sie sich auf gar keinen Fall. Was denn los sei, wird sie gefragt. Ja, nun, sie habe da etwas, das müsse ihr vermutlich ein Arzt wieder herausholen, es ginge auch wohl recht schnell. Nur vorsichtig solle er sein, um alles in der Welt sehr vorsichtig. Und nein, sie wolle dazu jetzt hier, direkt in der Anmeldung, nichts Genaues sagen. Ihr Blick geht in Richtung der anderen Patientinnen im Raum. Ob es denn wehtäte, wird sie gefragt. Kopfschütteln. Schmerzen seien das nicht direkt, sie könne sich nur nicht so gut bewegen.

Erst als sie von Doktor P. ins Behandlungszimmer gebeten wird, geht sie weiter ins Detail: Es handle sich um eine Art Missgeschick, einen Unfall sozusagen, sie habe sich da etwas … also, hinein sei das Ding ganz leicht gekommen, aber jetzt … und dann sei ihr eingefallen, dass die ja auch sehr zerbrechlich sind … und, also, das »Ding« selber wieder herauszunehmen, traue sie sich jetzt doch nicht mehr.

Das »Ding« entpuppt sich als Christbaumkugel, und es kostet den Frauenarzt einiges an äußerst vorsichtiger Pfriemelei, sie heil wieder ans Tageslicht zu befördern. Aber das Kunststück gelingt, und schließlich hält er eine wunderschöne, mittelgroße goldene Kugel in die Höhe. »Geschafft«, erklärt er, aber eigentlich sei er Arzt, kein Feinmechaniker. »Sie hätte auch zerbrechen können, und was das bedeutet hätte, wissen Sie hoffentlich.«

»Ja«, gibt die Patientin kleinlaut zurück.

»Für so was gibt's eigentlich geeignetere Spielzeuge«, erklärt Doktor P., jeder besser sortierte Sexshop könne da weiterhelfen.

Aber da hat er nicht mit seiner jungen Patientin gerechnet. Ob er eigentlich schon mal etwas davon gehört
hätte, dass man als Frau die Beckenbodenmuskulatur
trainieren solle, aus gesundheitlichen Gründen. Wer damit nicht früh anfinge, riskiere später, im Alter, Inkonti-
nenz, ob ihm das eigentlich noch niemand erklärt habe!
Und wie, bitte, soll man die effizient trainieren? Einfach
so? Beckenbodentraining für Hausfrauen? Ob er sich
das so vorstelle?

»Christbaumkugeln stelle ich mir zumindest nicht
vor«, erwidert Doktor P. kühl. Dann gibt er das Corpus
delicti der Krankenschwester, die neben ihm steht. »Packen Sie sie in Zeitungspapier. Aber Vorsicht! Die kann
man beim nächsten Weihnachtsfest noch gut verwenden.«

Platz 6: Wahre Liebe

Diese Geschichte verdanken wir einer Bekannten, die
Krankenschwester in einer Magdeburger Klinik ist.

Als sie um drei Uhr nachts die Tür zur Notfallambulanz öffnet, erscheint ein Hüne im Sprechzimmer
von Doktor O. Der Mann trägt eine schwere Lederja-
cke, ist unrasiert und entspricht dem Prototyp eines Ma-
chos. Nur sein Gang wirkt ganz schön gequält. »Doc,
ich hab da 'n Problem.« Schon mal eine originelle Ein-
leitung. »Das habe ich beinahe vermutet«, sagt Doktor
O. Er kennt solche Fälle. Die Leute müssen sich erst mal

warmquatschen. Wenn jeder Patient gleich zur Sache käme, dann wäre die Nachtschicht nur halb so lang.

»Doc, also das ist so – ich hab's heute Nacht wohl ein bisschen übertrieben beim Anonieren.«

»Onanieren«, berichtigt Dr. O.

»Is ja auch egal, Doc, jedenfalls habe ich wohl'n büschn stark zugelangt, und jetzt tut mir alles weh. Könn'n Se da was machen, Doc?«

Doktor O. bittet den Mann, sich freizumachen, und betrachtet den Penis. Der Ansatz ist rundum rot eingedellt. »Das wollen Sie mit Ihrer Hand gemacht haben?« Die Frage ist rhetorisch. Nie und nimmer rührt die Eindellung vom Masturbieren her. Doktor O. tippt eher auf – einen Schließmuskel. Der Patient windet sich noch eine Weile. Schließlich packt er aber aus.

»Wissen Sie, Doc, der Pierre, was mein Freund is, und ich – also, wir häm heute Abend Schluss gemacht. Oder vielmehr ich mit ihm. Ich hab ihm gesacht, dass ich nich mehr will, weil er mich zu sehr einengen tut. Da hat der Pierre gesacht, so ganz unschuldig, dass er wenigstens noch einmal Abschiedssex will. Das war dann natürlich okay, und das häm wir dann auch gemacht, also jetzt: er unten und ich oben. Und wie ich da so drin bin im Pierre, da hat der mich auf einmal richtig in die Zange genommen. Ich konnt mich gar nich mehr bewegen, kein Stück, weder vor noch zurück. Und da hab ich dem Pierre dann gesacht ...«

»Jaja, schon gut«, sagt der Doktor. »Verstehe. Ernsthaft verletzt scheint nichts zu sein. Ich gebe Ihnen eine

Salbe mit. Tragen Sie die zweimal täglich vorsichtig auf, und bleiben Sie in den nächsten Tagen einfach abstinent. Dann wird das schon wieder.«

Der Mann winkt ab. »Danke für die Salbe, Doc, ich muss auch gleich wieder zurück und weitermachen mit Pierre. Ich wollt nur sichergehen, dass das nix Böses is mit mir. Als ich so in ihm war, dem Pierre, haben wir uns nämlich mal so richtig ausgesprochen, und wir sind jetzt auch wieder zusammen. Ich dachte mir, das muss doch wahre Liebe sein, wenn er mich so festhält, oder?«

Platz 5: No smoking

Wie gut, dass wir einen Bekannten bei der Kassenärztlichen Vereinigung haben, denn ohne ihn hätten wir vom folgenden Fall nie erfahren.

Dabei geht es um Uschi und die Fluppen. Ob eine Zigarette ein Phallussymbol ist, darüber ist sich die Wissenschaft nicht ganz einig. Für einige Menschen besteht ein Zusammenhang, aber das brauchen wir hier nicht zu klären, denn wichtig ist in dieser Geschichte nur eins: Uschi raucht wie ein Schlot. An Zigaretten zieht sie mit solch einer Hingabe, dass ihr fürsorgender Freund Rudolf sich Gedanken um seine Liebste macht und sie bekniet, sich um Himmels willen das Rauchen abzugewöhnen, am besten mithilfe eines Psychotherapeuten. Hypnose solle da gut helfen. Und weil er so be sorgt ist, vereinbart Rudolf für Uschi auch gleich einen Termin bei Doktor U.

Der weiß allerdings gar nicht, worum es geht, als Uschi in seiner Praxis sitzt, und bietet ihr erst mal eine Zigarette an. So was schafft Vertrauen. Damit hat er schon gute Erfahrungen gemacht. Uschi findet das ganz prima, und während sie genussvoll an der Marlboro zieht, erklärt sie Doktor U., dass sie sich bei ihm das Rauchen abgewöhnen will.

Aus Sicht eines Psychotherapeuten ist es nun nicht gerade ideal, einen Patienten zuerst mit dem Stoff zu versorgen und ihn dann zu entwöhnen. Das gibt ein Problem mit der Glaubwürdigkeit. Daher schreibt Doktor U. Uschi innerlich als Patientin ab. Das wird nichts mehr. Gegen Ende der Stunde will er sie an einen Kollegen überweisen, aber vorher quatscht er mit Uschi ein wenig, um die Stunde auch abrechnen zu können.

Uschi ihrerseits findet Gefallen an dem unkonventionellen Doc. Der ist doch mal was ganz anderes als ihr piefiger Rudolf. Darum setzt sie ihre Reize ein – kennen Sie die Szene in »Basic Instinct«, in der Sharon Stone ihre Beine übereinanderschlägt? So in etwa macht es auch Uschi. Also, mehr so als Sharon Stone für Arme, aber beim Doc wirkt es.

Kehren wir jetzt zurück zu Rudolf. Der möchte seine Geliebte heute Abend schick zum Essen ausführen und sie dazu vorher abholen. Ahnungslos spaziert er in die Praxis, fröhlich ein Liedchen summend, und möchte im Wartezimmer Platz nehmen. Doch da hört er aus dem

Sprechzimmer Geräusche, die nur einen Schluss zulie-
ßen, wenn man nicht so vertrauensselig wäre wie Rudolf. Er wischt diesen Verdacht jedoch beiseite: nicht
seine Uschi, niemals.

Die fraglichen Geräusche ertönen jetzt jedoch im
Stakkato und werden lauter und lauter. Und es ist nicht
nur Uschis Stimme, nein, da ist auch noch ein Bass-Ba-
riton, der mitmischt. Bei aller Gutmütigkeit – das geht
zu weit! Auch in Rudolf steckt ein Platzhirsch, und dieser Hirsch öffnet jetzt die Tür. Es wären noch sieben Minuten bis zum Ende der Therapiestunde.

Uschis Kopf befindet sich zwischen des Doktors Beinen, fährt jedoch herum, als sie Rudolf eintreten hört.
Spontan ist sie ja, die Uschi: »Wo bin ich? O Gott, Rudi,
der hat mich hypnotisiert und dazu gezwungen!« Doktor U. schaltet auch schnell: »Das ist jetzt nicht so, wie
Sie denken, mein Herr. Ihre Partnerin hat eine sehr tief
sitzende Fixierung auf Phallussymbole, und da war es
wichtig, die selbstzerstörerische Form dieser Fixierung
durch Rauchen in kontrollierter Trance zu ihrer Ur-
sprungsform zurückzuführen. Alles streng therapeutisch,
natürlich.«

Rudolf ist ein friedfertiger Mensch, und Doktor U.s
Kieferbruch ist auch schon wieder verheilt. Die Kassen-
ärztliche Vereinigung hat Doktor U. seinen therapeuti-
schen Ansatz jedoch ebenso wenig abgenommen wie
Rudolf. Die Zulassung ist damit futsch. Uschi hat als
Einzige aus der Phallusgeschichte etwas mitgenommen:
Sie raucht jetzt Zigarren.

Platz 4: Der Druck im Manne

Auch in den besten Beziehungen haben beide Partner so ihre kleinen Geheimnisse voreinander, und das ist auch gut so. Kein Mann möchte genau wissen, worüber seine Frau im Einzelnen mit ihren Freundinnen tratscht, und keine Frau ist scharf darauf zu erfahren, welche riesigen Probleme der Kumpel gestern hatte, als es mal wieder später wurde in der Kneipe. Allerdings gibt es ein paar Geheimnisse, von denen man als Partner doch gern etwas wüsste. Nur sind das zumeist gerade die, die im Verborgenen bleiben.

Wie bei Peter und Agnes. Agnes ist sozial engagiert und außerdem Christin, weshalb sie in der Seelsorge am Bahnhof arbeitet. So weit, so gut. Das weiß Peter auch alles. Was Peter aber nicht weiß, ist, dass Agnes für die Seelsorge einmal in der Woche die örtlichen Bordelle durchkämmt. Einfach, um mal nach den Damen dort zu gucken. Wie's denen so geht. Ob sie anständig behandelt werden in ihrem Etablissement und von den Freiern.

Das hat Agnes ihrem Peter aber nie erzählt. Warum nicht, wissen wir auch nicht, wir kennen die Geschichte nur von Peters Kumpel. Jedenfalls hört Agnes immer dieselben Geschichten von den Damen: Schlecht würden sie kaum behandelt, gefährlich könnten nur manchmal so arme Würstchen von Freiern sein, die mal einen auf dicke Hose machen, sich besaufen und dann nach irgendeiner Gigi, Chantal oder Vanessa verlangen, die auch spezielle Wünsche erfüllt.

Demgegenüber ist Peter ein Muster an Ehrlichkeit. Außer dem Üblichen hat er keine Geheimnisse zu beichten. Hier und da vielleicht mal ein kleiner Flirt mit einer Kollegin, aber nichts Aufregendes. Bis zu jenem Abend, an dem die Herren aus Peters Abteilung beschließen, nach Feierabend noch einen draufzumachen. Peter ruft Agnes pflichtschuldig an, es könne etwas später werden, aber die springt diesen Abend ohnehin für eine Kollegin bei der Seelsorge ein.

Bei »Salvatore« nebenan glüht die Abteilung erst mal vor. Weiter geht es dann ins »Pussy Cat«, einem Gogo-Club, wo die Herren mit den ersten Geldscheinen wedeln und sie an geeigneten Stellen der Tänzerinnen unterbringen. So gegen Mitternacht ist dann die gesammelte Schaden-Abteilung IV sturzhackebreit. Und was macht eine besoffene Männerabteilung nach einem Besuch im Gogo-Club? Richtig, sie geht geschlossen in den Puff.

Im »Happy Cock« herrscht auch super Stimmung. Alle fünf Minuten knallt ein Champagnerkorken, und Peter macht ebenso wie die anderen richtig einen auf dicke Hose.

Agnes wollte heute Abend eigentlich gar nicht ins »Happy Cock«. Es ist ohnehin schon zu spät für einen seelsorgenden Besuch. Doch sie hat beim letzten Mal ihr Schminkkästchen vergessen und möchte eins der Mädels bitten, es ihr zu bringen. Als sie das Bordell betritt, sieht sie hinten einen der geschmähten Freier, dem die dicke Hose anscheinend schon nicht mehr passt, denn er steht mit hängendem Beinkleid auf dem roten Plüschsofa, befingert die gerade erst volljährig gewordene Mandy und verlangt lautstark nach Veronique, von der er gehört habe, dass sie auch spezielle Wünsche erfüllt.

So wie Agnes jetzt auf ihren Peter zustapft, fehlt nur noch die Erkennungsmelodie von Darth Vader. Peter dagegen mag zwar rund zwei Promille im Blut haben, aber beim Anblick seiner auf ihn zuwalzenden Frau ist er mit einem Schlag wieder stocknüchtern. Daher braucht er auch nicht lange, um sich eine Ausrede zu überlegen. Er erzählt Agnes vom Druck, dem er im Büro ausgesetzt ist. Von diesem unmenschlichen Druck. Was er täglich alles zu schlucken habe. Wenn er sich nicht jeden lieben Tag erniedrigen, beleidigen, schikanieren, verleumden ließe, dann müssten Agnes und er aus Mülltonnen leben. Und heute Abend habe dieses Scheusal von Abteilungsleiter verlangt, dass er, Peter, in diesen ekelhaften Club mitkomme. Er! Das sei ihm natürlich zuwider, aber er habe ja auch an die Kinder gedacht …

Ungefähr an dieser Stelle traf Peter wahrscheinlich der fliegende Stuhl am Kopf. Agnes war früher Handballerin, da lernt man gezielte Würfe.

Erwähnen sollte man noch, dass der Abteilungsleiter Peter noch an Ort und Stelle wegen des »Scheusals« zur Rede stellte, die beiden sich prügelten wie Preisboxer und dass Peter am nächsten Morgen die fristlose Kündigung auf seinem Schreibtisch fand. Agnes stattet den Bordellen übrigens keine Besuche mehr ab. Sie übernimmt jetzt die Gefängnisvisiten.

Platz 3: Schneefrauen-Sex

Manchmal ist es schon erstaunlich, was Menschen so im Internet preisgeben, aber das ist ja nicht unser Problem. Wolfgang69 kennt anscheinend keine Schamgrenze, und daher kennen wir sie auch nicht.

Wolfgang erwacht an jenem Sonntagmorgen und streckt sich erst mal ausgiebig. Das Leben ist schön. Kerstin, seine Frau, ist übers Wochenende bei ihrer Mama, und er hat das ganze Haus für sich allein. Sein Blick fällt auf Terrasse und Garten – es hat geschneit in der Nacht. Bei Petrus, wie sehr hat Wolfgang Schnee geliebt als Kind! Mit Kerstin an seiner Seite ging ihm dieses Gefühl verloren; Frauen legen ja in der Pubertät ihren Spieltrieb ab. Echte Männer spielen dagegen auch als Erwachsene noch, und genau das wird Wolfgang jetzt tun.

Gedacht, getan: Wolfgang putzt sich nicht einmal die Zähne – nein, das braucht er ohne Kerstin ja nicht –, steigt direkt aus dem Bett in ein paar Klamotten, geht in den Garten hinaus und tollt im Schnee. An dieser Stelle sei erwähnt, dass der Garten von einer hohen, undurchsichtigen Hecke umschlossen ist.

Wolfgang gerät ganz aus dem Häuschen. Der Schnee pappt so schön, das ist der, aus dem man die guten Schneebälle formen kann, die so zwiebeln, wenn man getroffen wird. Wolfgang beginnt zu bauen. Erst eine Kugel, dann noch eine, und dann noch die kleine … Aber wenn er's recht bedenkt, dann sind Schneemänner keine rechte Entwicklung. Inzwischen ist er ja doch schon reifer als damals zur Kindheit, das schreit nach einer Schneefrau.

Wolfgang modelliert also: das Becken etwas breiter, dann noch Brüste, und fertig ist das Schneefräulein. Er tritt zurück. Ist ihm gut gelungen, die Dame. Sogar ziemlich sexy. Kerstin ist ja nicht da. An dieser Stelle kommt die hohe Hecke ins Spiel. Wolfgang schaut sich um, ob auch keine neugierigen Nachbarn erspähen können, was er jetzt tut.

Es gibt ja solche Momente, in denen man sich nicht erklären kann, warum man macht, was man gerade macht. Jedenfalls holt Wolfgang nun sein Ding aus der Hose. Es gibt ja alle möglichen Sex-Spielarten, und es ist bestimmt nicht verwerflich, wenn man von einer Schneefrau erregt ist. Etwas ungewöhnlich ist es vielleicht, aber nicht verwerflich.

Reden wir nicht lange drumherum: Wolfgang hat Lust auf seine Schneefrau, und sein Lümmel hat das auch, so wie er aussieht. Etwas kühl begegnet sie ihm ja, aber er lässt sich davon nicht abhalten und presst sich an und vor allem in die weiße Dame. Ganz schön kalt fühlt sich das an, aber Wolfgang findet das als Abwechslung recht stimulierend.

Bis er hinter sich eine vertraute Stimme hört: »Wolfgang, was soll das denn werden, wenn es fertig ist?« Er dreht sich um. Richtig, da steht Kerstin und glüht wie eine Amazone. Eine Ausrede muss her. Eine gute.

»Hallo Kerstin, schon zurück?« Das war noch nicht

die Ausrede. Kerstin reagiert auch nicht, starrt nur auf seinen schneetriefenden Penis.

»Schatz, weißt du, da stand gestern so ein interessanter Artikel in *Spektrum der Wissenschaft*. Die erforschen gerade, wie das mit der menschlichen Reproduktion auf dem Mars aussähe, wo es ja sehr viel kälter ist als hier, und dann suchen sie auch noch Probanden, die im Dienste der Wissenschaft ...« Wolfgang ist ausgesprochen stolz auf sich und seine Argumentation.

Kerstin jedoch ist komplett unbeeindruckt: »Du betrügst mich mit dieser Schlampe von Schneefrau?« Mehr sagt sie nicht. Hätte sie Wolfgang eine anständige Szene gemacht, er hätte sich wenigstens entschuldigen können. Aber Kerstin macht nur auf dem Absatz kehrt und rauscht wieder ab zu ihrer Mama.

Auch das Glück von Mann und Schneefrau währte nicht mehr lange. Schon am folgenden Tag stiegen die Temperaturen wieder, und an der Stelle, die Wolfgang gestern noch solche Freude bereitete, lag nur noch eine Pfütze. Keine Liebe währt ewig, auch nicht die zu einer Frau aus Schnee.

Platz 2: Bramanda

Für die Authentizität dieser Geschichte verbürgen wir uns, soweit man sich für die Erzählung eines Bekannten verbürgen kann, der schniefend mit einem in der Kneipe sitzt, aussieht wie ein begossener Pudel und einem sein blutendes Herz ausschüttet. Nennen wir ihn Oliver.

Seinen Worten nach war das also so: Er liegt abends mit seiner Freundin im Bett, hoch über den Straßen Berlins. Oliver liebt seine Freundin, nein – besser: Er betet sie an. Nennen wir sie Amanda. Und Oliver ist in dieser Beziehung auch eifersüchtig und verletzlich. Der Arme. Jetzt aber liegt er neben seiner Amanda, die feindlichen Wölfe sind vertrieben, und Oliver ist glücklich. Außerdem noch scharf auf Amanda.

Er gibt ihr also vorsichtig zu verstehen, dass er nichts dagegen hätte, wenn man übereinkäme, jetzt ein klein wenig … Wie gesagt, Oliver ist ein sensibler Typ. Und deswegen ist Amandas Reaktion für ihn ein Schock. Wenn sie gesagt hätte: »Heute nicht, Schatz, ich habe meine Migräne«, dann hätte er das verstanden, der Oliver. Weibliche Kopfschmerzen sind ja weltweit anerkannt als Barriere gegen Sex. Amandas Unpässlichkeit hat aber feinere Gründe, und die enthält sie ihm keineswegs vor.

»Ich habe heute Nachmittag Brad Pitt gesehen«, sagt sie verträumt. Gerade findet die Berlinale statt. Daher wundert sich Oliver auch nicht über den Besuch aus Hollywood. Er nimmt Mister Pitt auch nicht als Konkurrenz wahr; der ist doch fast so irreal wie seine Filmrollen. Stattdessen knabbert Oliver an Amandas Ohrläppchen. Das wirkt eigentlich immer. »Sieht wirklich gut aus, der Brad Pitt, auch in Wirklichkeit«, fährt sie fort.

Oliver nimmt's mit Humor: »Na ja, solange du deinen geliebten Herrn Depp nicht gesehen hast …«

»Johnny Depp war auch da, zusammen mit Brad. Stellen ihren neuen Film vor.«

»Brad? Seit wann nennst du ihn …?«

»Er hat mich zum Kaffee eingeladen, und Johnny war auch dabei.«

»Du nennst ihn Johnny?«

»Und dann kam noch George dazu.«

»George?«

»Clooney.«

»Du willst mir erzählen, dass du mit Brad Pitt, Johnny Depp und George Clooney zusammen Kaffee getrunken hast?«

Amanda lächelt: »Jaaa.« Und weiter: »Du Oliver, es ist echt immer total schön mit dir beim Sex, aber jetzt kann ich nicht. Ich glaube, ich habe mich verliebt. Ich weiß nur nicht in wen. Ist es Brad, Johnny oder George?«

Bis hierher. Wir haben Himmel und Hölle in Bewegung gesetzt und die Agenten von den Mistern Pitt, Depp und Clooney kontaktiert. Die Herren lassen ausrichten, dass sie Stein und Bein schwören, noch nie in ihrem Leben einer Amanda Lipschitz begegnet zu sein und erst recht nicht bei der Berlinale. Damit bleibt nur die andere erschütternde Möglichkeit: Amanda hat gelogen. Aber kreativer als »Ich habe Migräne!« war ihre Geschichte schon.

Platz 1: Bellissima Italia

Die folgende Geschichte haben wir aus dem Intranet einer großen Leipziger Firma. Sicher, die Anekdote hat mehrere Abteilungen durchlaufen, und es ist gut möglich, dass sie dadurch an Umfang etwas zugenommen hat. Wir präsentieren Ihnen hier zumindest die Endfassung.

Bei besagter Leipziger Firma arbeitet Paul C. als leitender Angestellter. Paul verabschiedet sich eines Morgens von seiner Frau Dora zu einer Geschäftsreise. Er werde für ein arbeitsreiches Wochenende nach Stockholm fliegen und sei dann in zwei Tagen zurück.

Dora seufzt, geht in die Küche und macht sich erst einmal einen Kaffee. Im Radio hört sie, dass das Bodenpersonal des Flughafens Leipzig spontan in Warnstreik getreten ist. »Dann wird Paul ja bald zurück sein«, denkt sie sich und blättert in einer Illustrierten.

Da klingelt das Telefon. »Hotel Concordia in Venedig«, meldet sich ein Herr. »Signora C.? Gut, dass ich Sie noch erreiche. Es hat doch noch geklappt mit der Grandsuite für Sie und Ihren Gatten heute. Wir freuen uns sehr auf Ihr Kommen.« Venedig legt auf.

Dora macht sich einen weiteren Kaffee. Es klingelt erneut. Der Anrufbeantworter geht ran. Rassige Frauenstimme: »Paolo, Amore, ich weiß, ich soll dich nicht anrufen unter dieser Nummer, aber ich möchte dir noch sagen, wie sehr ich mich freue auf unser Wiedersehen in Venezia. Ciao, mein Tiger.«

Dora macht sich den dritten Kaffee. Es klingelt an der Tür. Es ist eine Nachbarin, die ihr einen Brief gibt, den sie vor drei Tagen angenommen hat. Dora öffnet das Kuvert und liest: »Lieber Paul, anbei ein paar Fotos von dir und deiner scharfen Freundin Francesca bei unserer letzten Party.« Absender ist ein Swinger-Club aus München.

Zeit für den nächsten Kaffee. Da hört Dora, wie Paul mit dem Auto vorfährt. Schimpfend schließt er die Haustür auf und wettert über das faule Pack am Flughafen und wie er denn jetzt nach Stockholm kommen solle.

Dora empfängt ihn im Flur. »Lass uns erst mal einen Kaffee trinken«, sagt sie. In der Küche liegen die Fotos der Swinger-Party noch auf dem Tisch. »Du hast zwei Anrufe gehabt, Paul. Das mit der Grandsuite in Venedig geht klar, und Francesca freut sich darauf, ihren Tiger wiederzusehen.« Dora schenkt Kaffee nach.

Paul blickt immer noch auf die Fotos. Eine originelle Ausrede muss her: »Schatz, das ist jetzt nicht, wonach es aussieht ...« Dora blickt vom Kaffee auf. »Lass mich raten: Du möchtest mit mir eine sündhaft teure Woche in Venedig verbringen, und ich kann da shoppen, bis der Arzt kommt, stimmt's?« Paul nickt ergeben. »Und heute Abend und den Rest der Woche verdünnisierst du dich und bestellst mir vorher noch je zwei Callboys vom Feinsten, richtig?« Paul nickt wieder. Immer noch billiger als eine Scheidung.

Die unmoralische Moral der Geschichte: Es gibt keine Probleme für Menschen mit Geld. Aber angenehmer ist es, sich einfach nicht erwischen zu lassen.

Die zehn häufigsten Pannen beim Sex

1. Was wo nichts zu suchen hat

Es gibt sicher einiges, was in einer weiblichen Vagina Platz findet. Aber es gibt definitiv mehr, was dort absolut nicht hineingehört. Geöffnete Flaschen etwa, die können sich am Gebärmutterhals festsaugen. Geschlossene Champagnerflaschen sind auch nicht unbedingt das Ideale. Löst sich der Korken, kann es schmerzhaft werden. Bei beidem ist ein Besuch beim Arzt unumgänglich.

Und Naturfans seien insbesondere vor einem gewarnt: Tannenzapfen. Das klingt eigenartig? Sie bekommen allein bei der Vorstellung eine Gänsehaut? Möglich. Aber es soll Frauen geben, die so etwas versucht haben. Doch die Natur hat ihre Tücken und zu denen gehört der Umstand, dass ein Tannenzapfen aufquillt, wenn er feucht wird. Die Lamellen spreizen sich und der Tannenzapfen kann nur noch operativ entfernt werden.

2. Nichts hinein und nichts darüber!

Wenn es um die autoerotische Befriedigung geht, sind manche Männer ausgesprochen erfinderisch. Besonders hat es ihnen offenbar die Vorstellung angetan, sich Gegenstände in den Penis zu stecken. Ein großer Favorit ist die Kugelschreibermine. Als Folge stellt sich allerdings meist nicht Lust ein, sondern Schmerz. Denn die eingeführten Gegenstände erweisen sich als äußerst anhänglich, sprich: Sie lassen sich nicht wieder herausziehen. Von Zerren und Ziehen sei jetzt dringend abzuraten. Stattdessen bleibt, auch wenn's noch so peinlich ist, nur der Weg zum Arzt. Der entfernt die Gegenstände vorsichtig.

Begeisterung herrscht auch, wenn es darum geht, sich Gegenstände über den Penis zu ziehen. Zumindest vor der Erektion. Danach lässt die Euphorie meist schnell nach, denn ist der Penis einmal angeschwollen, gehen Ringe, Flaschenöffner und Co. nicht so einfach wieder ab. Wenn jetzt nicht innerhalb weniger Stunden ein Arzt den Penis von seiner Klammer befreit, kann das Gewebe dauerhaft geschädigt werden.

Der Tipp vom Arzt: Wer auf Spielzeug dieser Art nicht verzichten will, sollte sich das Zubehör in einschlägigen Fachgeschäften kaufen. Nur bitte nicht die heimischen Schubladen durchwühlen!

3. Weder vorne noch hinten

Es gibt manch Trennendes, doch auch Gemeinsamkeiten zwischen Männern und Frauen. Wir haben Sie bereits darauf hingewiesen, was nicht in eine Vagina und nicht in oder über einen Penis gehört. Jetzt geht es um die Rückseite, die als erotische Zone für viele Paare eine wichtige Rolle spielt. Und das betrifft Männlein und Weiblein gleichermaßen.

Natürlich kann man sich auch in den Anus sehr viel einführen, was vielleicht zunächst auch wirklich Spaß macht. Doch manches lässt sich nicht mehr ohne Weiteres entfernen. Billardkugeln oder Tennisbälle sind da noch harmlos. Denn von Kerzen bis zu Colaflaschen mussten Ärzte schon alles Mögliche entfernen.

Vielleicht liegt es auch daran, dass der Anus ein durchaus aufnahmefreudiges Organ ist. Denken Sie bloß an den Gebrauch von Zäpfchen. Davon, auf eine natürliche Entleerung diverser Fremdkörper zu warten, raten wir aber dringend ab. Zu groß ist die Gefahr innerer Verletzungen oder Infektionen.

4. Voll auf die Nüsse

Seine empfindlichsten Körperteile trägt der Mann zwischen den Beinen. Dort sind sie zwar meist gut geschützt, aber jeder männliche Leser, der schon mal einen Ballsport betrieben hat, und sei es in der Schule, weiß, wie schmerzhaft ein Querschläger ins Gemächt sein kann. Deshalb halten die Fußballspieler bei der Freistoßmauer ihre Hände ja auch vor ihre Eier und nicht vors Gesicht. Man muss eben klare Prioritäten setzen.

Wissen also alle Männer um die Empfindlichkeit ihrer Hoden, so präsentieren sie selbige beim Liebesspiel doch sehr gerne. Trotzdem sollten alle Partnerinnen darauf achten, dort nur sehr sanft zugange zu sein. Es passiert leider gar nicht so selten, dass ein anregend gemeinter Griff oder Stoß im Sturm der Leidenschaft ein jähes Ende des Beisammenseins herbeiführt, das den Mann im ersten Augenblick meist sprachlos macht.

5. Vorsicht mit Glas, Holz und Ähnlichem

Möglich, dass es Spaß macht, sich auf Glastischen oder Holzkommoden zu amüsieren. Aber so ganz ungefährlich ist das nicht. Denn: Glastische sind im Allgemeinen fürs Kaffeegeschirr, für Vasen und kleine Dekogegenstände gemacht. In Holzschränke kommt alles Mögliche, Holztische deckt man mit Mittagsgeschirr. Vor allem aber ist all diesen Gegenständen, mit denen Tische und Schränke bestückt werden, eines gemeinsam: Sie bewegen sich nicht, und schon gar nicht schnell, stoßweise und heftig. Was Menschen bei der Paarung dagegen durchaus tun. Und was Tischen, Kommoden und sonstigem nicht unbedingt gut bekommt. Mit anderen Worten: Sie können dabei zu Bruch gehen und die Paarungswilligen unsanft auf die Erde befördern. Günstigenfalls gibt's ein paar blaue Flecken, schlimmstenfalls Brüche oder gar Schnittwunden. Also den Sex doch besser ins Bett oder auf den Boden verlegen.

6. Warnung vor zu häufigem Sex

Eigentlich ist viel Sex ja etwas Großartiges. Und viel leidenschaftlicher Sex ist noch großartiger. Aber fast alles hat auch seine Nachteile, so auch zu häufiges Amüsement mit dem oder der Liebsten. Was passieren kann? Ganz einfach: Beim Sex entsteht Reibung, und zwar an ganz empfindlichen Körperstellen. Wer also zu oft zur Sache kommt, riskiert, sich wundzuscheuern. Da hilft dann nur noch eines: die gute alte Abstinenz, zumindest so lange, bis die Hautreizung wieder verschwunden ist. Bleibt noch die Frage, was »zu häufig« ist. Die Ärzte haben hier einen einfachen Richtwert: Ab drei Mal am Tag, und das regelmäßig, ist es zu viel des Spaßes.

7. Verletzungen und Co.

Sicher, immer im Bett ist langweilig. Aber an anderen Orten kann es mitunter problematisch werden. Wer sich etwa auf dem Fußboden amüsiert, riskiert je nach Unterlage aufgescheuerte Knie. Besonders beliebt sind auch Zerrungen durch falsche oder zu abrupte Bewegungen.

Beides bemerkt man allerdings oft erst nach getaner »Arbeit«. Ein plötzliches Ende unter jede Aktivität setzt dagegen ein verrenkter Rücken. Dann geht nichts mehr, sogar das Aufstehen kann schwierig werden. In diesem Fall hilft es, ruhig und tief durchzuatmen und die Muskulatur so gut wie möglich zu entspannen. Beruhigt sich der verrenkte Rücken danach immer noch nicht, hilft oft nur noch der Weg zum Arzt, der mit chiropraktischen Griffen oder, wenn die auch nichts mehr nützen, mit einer schmerzstillenden Spritze für Linderung sorgt.

8. Mythos Vaginismus

Ein Schreckgespenst, das hartnäckig seine Kreise durch Zeitschriften und das Internet zieht, ist der sogenannte Vaginismus. Der Legende zufolge verhält es sich so, dass der Mann sein wertvollstes Stück bei der Frau zwar noch an Ort und Stelle bringen kann. Nur heraus geht dann nichts mehr. Denn im wichtigsten Moment beginnt die Scheidenmuskulatur der Frau sich so zu verkrampfen, dass nur noch Arzt und krampflösendes Medikament Liebhaber und Geliebte wieder trennen können.

Unfug, sagen dazu die Ärzte. Der eigentliche Vaginismus ist eine sexuelle Funktionsstörung, die nicht erst das Herausgleiten des Penis aus der Scheide unmöglich macht, sondern bereits sein Eindringen komplett vereitelt. Als Ursache geht man sowohl von physiologischen als auch von psychischen Faktoren aus.

Zur Beruhigung der Männer kann demnach gesagt werden: Heraus kommt Mann immer. Nur nicht unbedingt hinein.

9. Sex in der Öffentlichkeit

Vorsicht bei Sex in der Öffentlichkeit! Egal, was Ihnen Privatsender aus dem Münchner Englischen Garten oder von woanders zeigen – Poppen ist nicht für fremde Augen bestimmt. Die Wut von Passanten mögen Sie ja noch für Spießbürgertum halten, aber die Staatsgewalt ist leider unnachgiebig. Öffentlicher Sex verstößt für die Juristen nämlich gegen die öffentliche Ordnung. Im üblichen Kauderwelsch der Juristen ist damit das Folgende gemeint: »Die Gesamtheit der ungeschriebenen Regeln für das Verhalten des Einzelnen in der Öffentlichkeit, deren Beachtung nach den herrschenden Anschauungen als unerlässliche Voraussetzung eines geordneten Zusammenlebens betrachtet wird.« Auf Deutsch: die »Das tut man nicht!«-Regel. Verstößt man gegen diese Regel, können die Ordnungsbehörden die »notwendigen Maßnahmen« treffen, um die »Gefahr« für die öffentliche Ordnung abzuwenden. Die netten Herrschaften vom Ordnungsamt schreiten also ein und sorgen dafür, dass Privatsache auch Privatsache bleibt. »Best things in life are free!« gilt dann leider nicht mehr – zahlen darf man hinterher auch noch.

10. Unfälle in käuflichen Betten

Unfälle und Verletzungen passieren nicht nur im heimischen Bett, sondern auch an Orten, wo dann keiner gewesen sein will. Nennen wir es ruhig beim Namen: So mancher vor allem ältere Herr erlitt beim Sex im Bordell schon einen Herzinfarkt. Hier kommt zweierlei zusammen: Die Aufregung des ungewohnten Ortes und die Unwissenheit der beteiligten Dame. Wo die sorgende Ehefrau vielleicht sagt: »Das machen wir lieber nicht, Karl-Heinz. Steck das Kamasutra mal wieder in die Schublade«, da will eine Prostituierte dem Kunden etwas bieten. Er soll ja wiederkommen. Und wer geht schon ins Bordell und sagt: »Aber nicht zu doll. Ich hab ein schwaches Herz.«

In den meisten Fällen wird es sich nicht vermeiden lassen, die Polizei einzuschalten. Und dann wird die Geschichte natürlich sehr peinlich. Deshalb soll es auch schon vorgekommen sein, dass ein im Bordell verstorbener Freier heimlich auf die Straße gelegt wurde. Rausgekommen ist die Geschichte aber trotzdem.

Tipps und Tricks zur Vermeidung von Sex

Frauen aufreißen, Nr. 1

In der Kneipe. Am Nachbartisch sitzt die Dame Ihrer Wahl, daneben ihre weibliche Begleitung. Der Weg ist also frei. Denn, mal ehrlich: Können Sie sich auch nur eine einzige Frau vorstellen, die alleine mit einer anderen Frau in die Kneipe geht, wenn nicht zu einem einzigen Zweck, nämlich dem, von einem so umwerfenden Mann wie Ihnen auf dem schnellsten Weg ins nächste Bett geschleppt zu werden? Echte Männer wie Sie wissen das. Darum nehmen Sie ohne großes Zögern Kurs auf den Tisch Ihres Zielobjekts. Ziehen Sie sich, natürlich ohne vorher um Erlaubnis zu fragen, den Stuhl heran, ignorieren Sie die Freundin der Frau Ihrer Wahl, schnappen Sie dafür ungefragt ihre Hand und erklären Sie kurz und bündig: »Deine Augenfarbe passt genau zu meinem Bettzeug!«

Das klappt! Garantiert!

Frauen aufreißen, Nr. 2

Sie sitzen mit ihr im Lokal. Diese Verabredung zu arrangieren war für Sie keine wirkliche Herausforderung, aber jetzt muss es weitergehen. Und der Mann von Welt weiß genau, wie das geht. Regel Nummer eins: Lassen Sie sie auf keinen Fall zu Wort kommen. Frauen reden ohnehin nur über Banalitäten, da kann sie froh sein, wenn ihr mal jemand von den relevanten Dingen des Lebens erzählt, vom letzten Spiel des HSV oder dergleichen. Regel Nummer zwei: Bestellen Sie für Ihre Begleiterin. Glauben Sie uns, Sie wissen viel besser, was Ihre Eroberung essen möchte, als sie selber es weiß. Regel Nummer drei: Machen Sie jetzt Werbung für sich selbst. Erzählen Sie ihr von der Galerie Ihrer früheren Bettgefährtinnen, achten Sie darauf, dass sie ein paar der Frauen kennt. Sie wird stolz sein, dass jetzt auch noch sie selber an die Reihe kommt.

Und zum krönenden Abschluss zahlen Sie die Rechnung. Möglichst mit dem Zusatz »Du tust schließlich heute auch noch was für mich!« Wir gratulieren schon mal zur kommenden Nacht!

Frauen abfertigen, Nr. 1

Sie haben den ersten Sex mit ihr. Und noch während Sie mit ihr zugange sind, stellen Sie fest, dass es besser auch der letzte sein sollte. Gut. Dann machen Sie Folgendes:

Treiben Sie sie bis an den Rand der Ekstase. Aber auf keinen Fall darüber hinaus! Und dann, wenn Sie merken, dass Ihre Bettgefährtin knapp vor der Erfüllung ihrer Wünsche steht, sagen Sie: »Ich hör jetzt auf, ich bin fertig.«

Frauen abfertigen, Nr. 2

Um eine Frau loszuwerden, die sich schon in der ersten Nacht als Fehlgriff entpuppt, hat sich auch die folgende Technik bewährt: Sagen Sie ihr, mehr als alles andere würde Ihnen der gute, alte Blowjob gefallen. Vermutlich wird sich die Dame alle Mühe geben, Ihnen Ihren Wunsch zu erfüllen. Mag sogar sein, dass sie sich dabei gar nicht dumm anstellt. Das ist aber unerheblich für Ihr Vorhaben. Denn jetzt folgt der alles entscheidende Satz, mit dem Sie sicherstellen, dass die Frau sich Ihnen in Zukunft nie wieder auf mehr als hundert Meter nähert. Richten Sie sich also auf, streichen Sie ihr wohlwollend über das Haar, den Rücken oder eine andere möglichst unverfängliche Körperstelle und sagen Sie jetzt freundlich: »Du warst gar nicht so schlecht. Aber meine Ex konnte das noch etwas besser.«

Frauen abfertigen, Nr. 3

Sie haben sie wirklich satt? Gründlich? Und Sie sind sich sicher, dass Sie sich Ihre Entscheidung nie mehr anders überlegen werden? Dann haben wir hier noch eine einfache, aber recht wirkungsvolle Technik für Sie: Sprechen Sie sie beim Sex mit dem falschen Namen an! Es ist eigentlich egal, ob Sie den »Irrtum« ganz am Anfang, direkt vorm wichtigsten Moment oder danach begehen. Hauptsache, aus Anna wird Susi, und Hauptsache auch, Anna bekommt das gut hörbar mit. Es ist möglich, dass Sie kurzfristig größere Probleme mit Anna bekommen werden. Aber dann sind Sie das Problem Anna auf alle Fälle los.

Männer abfertigen, Nr. 1

Sie suchen schon lange nach einer stilvollen Idee, um Ihrem Freund klarzumachen, dass er sein Ablaufdatum erreicht hat? Ganz einfach: Verweigern Sie sich mindestens drei Wochen lang. Gehen Sie dann fremd. Laden Sie den anderen Mann zu sich ein, wenn Ihr Freund mal nicht da ist. Und jetzt kommt das Entscheidende: Achten Sie darauf, dass er das Kondom nicht wegwirft! Auf gar keinen Fall! Ihr Freund muss es beim nächsten Sex finden. Unbedingt! Die Botschaft sollte er verstehen. Und wenn das auch noch nicht funktioniert, können Sie sich immer noch in flagranti erwischen lassen.

Männer abfertigen, Nr. 2

Wenn es irgendetwas gibt, das die Eitelkeit eines Mannes wirklich trifft, dann ist es mangelnde Lust am Sex. Dann setzen Sie also genau da an: Sie liegen bereits im Bett, und er bietet sein gesamtes Repertoire auf, um Sie für Vergnügungen aller Art zu gewinnen. Und nun? Schlafen Sie ein! Und wenn Sie das nicht auf Kommando können, dann tun Sie zumindest so als ob. Atmen Sie tief und ruhig und entspannt und machen Sie auf gar keinen Fall den Fehler zu blinzeln. Sie werden dem Spaß mit ihm damit sicher nicht nur für diese eine Nacht entgehen, die Methode ist nachhaltig.

Männer abfertigen, Nr. 3

Haben Sie ihn schon mal ausgelacht, so richtig gründlich? Und zwar nicht irgendwann, sondern in jenem Augenblick, der eigentlich der Verzückung vorbehalten sein sollte? Wenn nicht, dann kennen Sie vermutlich auch die Wunderwirkung dieses Lachens nicht. »Wunder« allerdings nicht unbedingt im partnerschaftsfördernden Sinn. Unser Ratschlag: Heben Sie sich so ein Lachen für den Augenblick auf, in dem Ihnen klar wird, dass der Mann neben Ihnen im Bett der absolute Fehlgriff war. Jetzt ein kurzer Blick auf sein wertvollstes Stück, dann erst ein leises Kichern und schließlich ein Lachen, das sich beim besten Willen nicht mehr unterdrücken lässt. Und er ist weg. Das geht sehr schnell, und das Tollste daran ist, dass Sie sich auf diese Weise jede Diplomatie und jedes mühsame Gespräch ersparen konnten.

Das Timing ist wichtig

Sie sind ein Präzisionsmensch? Einer, bei dem alles seine Ordnung haben muss? Dann ist das hier genau das Richtige für Sie. Erst mal zur Vorbereitung: Nehmen wir der Einfachheit halber einmal an, Ihr Sex findet hauptsächlich im heimischen Bett statt. Dann sorgen Sie dafür, dass ER dort steht, ER, Ihr zuverlässiger Digitalwecker mit der hell leuchtenden Uhrzeitanzeige. Wenn Sie wollen, können Sie IHN auch noch programmieren. Und zwar auf genau 41 Minuten. Genau so lange dauert nämlich neuesten statistischen Erhebungen zufolge ein durchschnittlicher Akt. Und weil das beim Sex schließlich nicht anders ist als bei jeder anderen Arbeit und man immer wissen sollte, wie viel Zeit man noch hat, sollten Sie sich zwischendurch immer wieder mal von Ihrer Bettgefährtin ab- und IHM zuwenden. Glauben Sie uns: Die Frauen werden Ihnen zu Füßen liegen. Nichts ist besser als genauestens getimter Sex.

Sex wirkt

Sie möchten Ihre Freundin mal wieder zum Sex motivieren? Dann versuchen Sie es doch mal mit folgender Methode: Leiden Sie! Egal, woran. Es können Kopfschmerzen, Zahnschmerzen, ein verrenkter Rücken sein, das ist völlig unerheblich. Hauptsache, Sie erregen ihr Mitleid. Und dann, irgendwann, kommt der entscheidende Moment, der Moment, in dem sie Sie fragt, ob sie Ihnen nicht irgendwie helfen könne. Entscheidend ist jetzt, dass Sie diesen ganz bestimmten heldenhaften Blick aufsetzen. Diese Miene zwischen »Es tut verdammt weh« und »aber ich ertrage das!«. Nein, ein Schmerzmittel sei wirklich nicht nötig, so schlimm ist das nicht. Der Körper habe ja seine eigenen Techniken, um mit Schmerzen umzugehen. Eine davon sei … aber nun ja, Sie wollen sie schließlich zu nichts zwingen. Aber wo sie doch gefragt habe wegen möglicher Hilfe … Und dann präsentieren Sie ihr die neueste Erkenntnis der Wissenschaft, die so neu nun eigentlich gar nicht ist: Beim Sex werden Endorphine freigesetzt, schmerzstillende Substanzen. Glauben Sie uns, keine Frau mit Gefühl wird Ihnen jetzt die Hilfe versagen.

Wo die Liebe hinfällt …

Cynthia Ceilan
SCHRÄG VERLIEBT
Skurrile Liebesgeschichten
mit Happy End
Aus dem amerikanischen
Englisch von Petra Trinkaus
256 Seiten
ISBN 978-3-404-60766-2

In der Liebe ist nichts unmöglich: Hätten Sie gedacht, dass man sich bei der eigenen Hochzeit vertreten lassen kann? Dass es möglich ist, sich nach dem Tod in den schicken Klunker seiner Frau einarbeiten zu lassen? Oder, dass man einen Dating Service für Tiere beauftragen kann?

Es gibt nichts, was es nicht gibt. Dies zeigt Bestsellerautorin Cynthia Ceilán in ihrem neusten Buch mit vielen ungewöhnlichen, skurrilen und komischen Geschichten rund um das Thema Liebe.

Bastei Lübbe Taschenbuch